银河证券首席策略师重磅巨献

新三板百问百答

The New Three Board

实战精华版

- 新三板的交易方式是什么？
- 新三板融资渠道有哪些？
- 新三板经历了怎样的成长之路？
- 如何成为新三板交易的投资者？
- 新三板挂牌公司发行优先股有何要求？

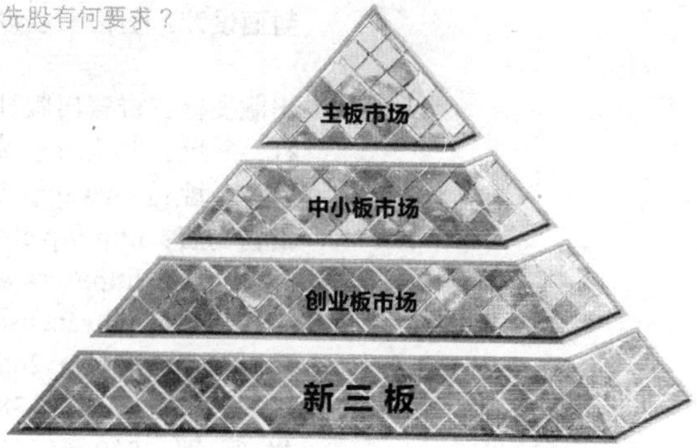

孙建波 ◎ 著

群言出版社
QUNYAN PRESS
·北京·

图书在版编目（CIP）数据

新三板百问百答 / 孙建波著 .— 北京：群言出版社，2015.5

ISBN 978-7-80256-772-6

Ⅰ. ①新… Ⅱ. ①孙… Ⅲ. ①中小企业—企业融资—中国—问题解答 Ⅳ. ① F279.243-44

中国版本图书馆 CIP 数据核字（2015）第 113316 号

责任编辑：陈　佳
封面设计：美信书装设计

出版发行：群言出版社
社　　址：北京市东城区东厂胡同北巷 1 号（100006）
网　　址：www.qypublish.com
自营网店：http://qycbs.shop.kongfz.com（孔夫子旧书网）
http://www.qypublish.com（官方网店）
电子信箱：qunyancbs@126.com
总 编 室：010-65265404　65267783
编 辑 部：010-65138815　65262436　65276609
发 行 部：010-65263345　65263836
市 场 部：010-65220236　65265832（读者服务）
经　　销：全国新华书店
法律顾问：北京市君泰律师事务所

印　　刷：北京鑫瑞兴印刷有限公司
版　　次：2015 年 7 月第 1 版　2015 年 7 月第 1 次印刷
开　　本：710 × 1000mm　1/16
印　　张：17
字　　数：167 千字
书　　号：ISBN 978-7-80256-772-6
定　　价：45.00 元

序一

建波博士约一个月前诚邀我为其最新力作《新三板百问百答》作序，近日收到书稿，细细读来，感悟极深——“实战派”就是实在、创新、有派！

一是实在。百问百答，条条精辟，句句实在。对于没有接触过新三板的社会各界人士，通俗易懂、言简意赅、准确到位；对未来希望在新三板大有作为的企业家、高管人士，则是操作指南、行动要点、指路明灯；对于已经从事新三板交易、研究、投行和各类中介机构、各类证券市场投资者，包括金融专业的学生来讲，更是数据来源、分析要点、成功路径！

二是创新。新三板，新事业，新法规，新案例，新数据。百问百答，似乎简单老套，但仔细读来，作为一个证券期货和投资界的“老人”和《辞海》词条的撰稿者，本人也为建波博士深耕于斯的创新精神所折服。相信你只要拿起本书，一定会经常被百问百答的创新和精要所吸引。

三是有派。作为实战类参考书，《新三板百问百答》不像专业论文和政策分析等偏狭于逻辑性和旁征博引，建波博士已然将其对证券市场理论和国内外动态的深刻分析和结论，特别是未来中国证券市场的发展方向，跃然字里行间，绝对是“有派”作品。反复阅读，您一定会理解和体会到其维护和发展资本市场的立意之高、涵意之深！

2015年，是中国资本市场值得隆重记录的一年。大众创业、万众创新，是党中央国务院针对我国经济发展新常态而提出的一项战略方针和举措，将会同“一带一路”、国企改革、金融“大爆炸”，成为中国经济发展新的“四轮驱动”。新三板，作为中国资本市场的最重要、最基础的核心要素市场之一，将会同沪、深交易所及其他多层次资本市场，对中国经济未来的发展起到更直接的影响之一。未来的几年，新三板发展之迅速、暴露问题之多，也是前所未有的。建波博士的《新三板百问百答》，可作为各界人士日常参与新三板运作的随身“百宝箱”，对规范运作、防范风险、提高效率，多有裨益。

吴振华

中科招商投资管理集团股份有限公司　常务副总裁

上海海事大学客座教授、MBA教育中心副主任

序二

非常荣幸能够在这样一个大众创业、万众创新的时代，为《新三板百问百答》这样一本专注于新三板市场的书籍作序。本书作者孙建波博士与本人在南京大学经济学系同窗七年，他在求学期间就一直是班里的“学霸”，学习踏实勤勉，在诸多方面都有过人见识。毕业后他一直专注于从事经济、政策、市场以及资产配置等相关领域的研究与探索，对于中国资本市场有深刻的见地。孙博士及其团队精心编写的这本新三板专业书籍，从方方面面对新三板进行了梳理，相信本书对于拟挂牌企业、相关从业人员、投资者均大有裨益。

新三板市场作为最主要的场外市场，是中国完善多层次资本市场的关键一环。完善的多层次资本市场从宏观角度能够为经济转型升级提供资本支持，从微观角度能够缓解中小企业融资难、融资贵问题。首先，新兴产业的发展离不开资本的支持，只有技术与资本的结合才能促成新兴产业的快速发展。场内交易所市场为新兴产业上市公司的发展提供了强力后盾，但还有更多的新兴公司因为处在发展初期，财务、盈利能力达不到上市要求，若是这些企业能够通过在新三板挂牌获得发展所需资金就能进一步壮大。其次，中小民营企业在中国目前以银行为主导的直接融资体系中，很难获得低成本的贷款，甚至很难获得贷款。在以市场作为资源配置的主要手段导向下，通过新三板市场以一个合理的价格向社会融资是一条很好的解决途径。再次，对于各类股权投资机构，新三板提供了一个新的退出机制，使其对于科技型、创新型中小企业的早期投资更有底气，有利于促进社会资本向更高效的实体经济回流。

新三板自系统公司成立以来的迅速发展表明上述思路的有效性。截至 2015 年 5 月 26 日，新三板市场共有 2465 家挂牌公司，而沪深交易所合计共 2713 家上市公司，按照目前的挂牌速度，不久新三板挂牌公司数量将超越交易所上市公司数量。这显示了新三板市场对于中小企业的巨大包容性与支持。就融资功能而言，2015 年新三板挂牌公司共公布 487 份定向融资的董事会预案，预计融资 406.64 亿元，其中共实施定向融资计划 256 份，实际融资 139.03 亿元。新三板市场通过实际融资效果发挥了支持中小创新企业发展的使命。

罗马不是一天建成的，新三板市场的发展也是有序渐进的。随着制度建设的进一步完善及投资者数量的上升，未来新三板必将在连续竞价交易、转板等制度上实现突破，从而更好地发挥融资功能，为中小微企业发展壮大出力。随着新三板各项规章制度的逐步完善以及挂牌公司数量的剧增，新三板有望真正成为中国版的纳斯达克市场，成为高新技术企业以及中小成长股的孵化器。

本人所供职的江苏吴中高科创业投资有限公司是一家专注于医药、大健康、节能环保与新材料等领域的专业投资机构，由江苏吴中集团发起设立。公司在苏州吴中经济技术开发区旺山脚下还建有“第一工园”这一成长型企业聚集园区项目，旨在吸引众多新三板拟挂牌企业汇聚共谋发展。我们坚信，千千万万的新企业，推动新经济的发展，新三板正是这些目前徘徊在资本市场门外的企业开启资本市场大门的金钥匙。

张　成

于苏州第一工业园

二〇一五年五月三十日

目录

第一篇 认识新三板

第四篇 企业如何挂牌新三板？

附　录

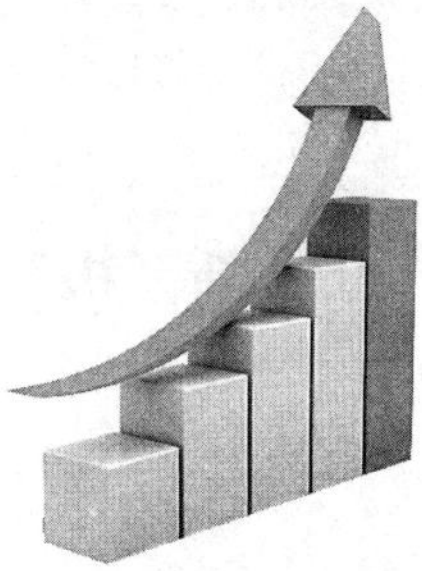

第一篇

认识新三板

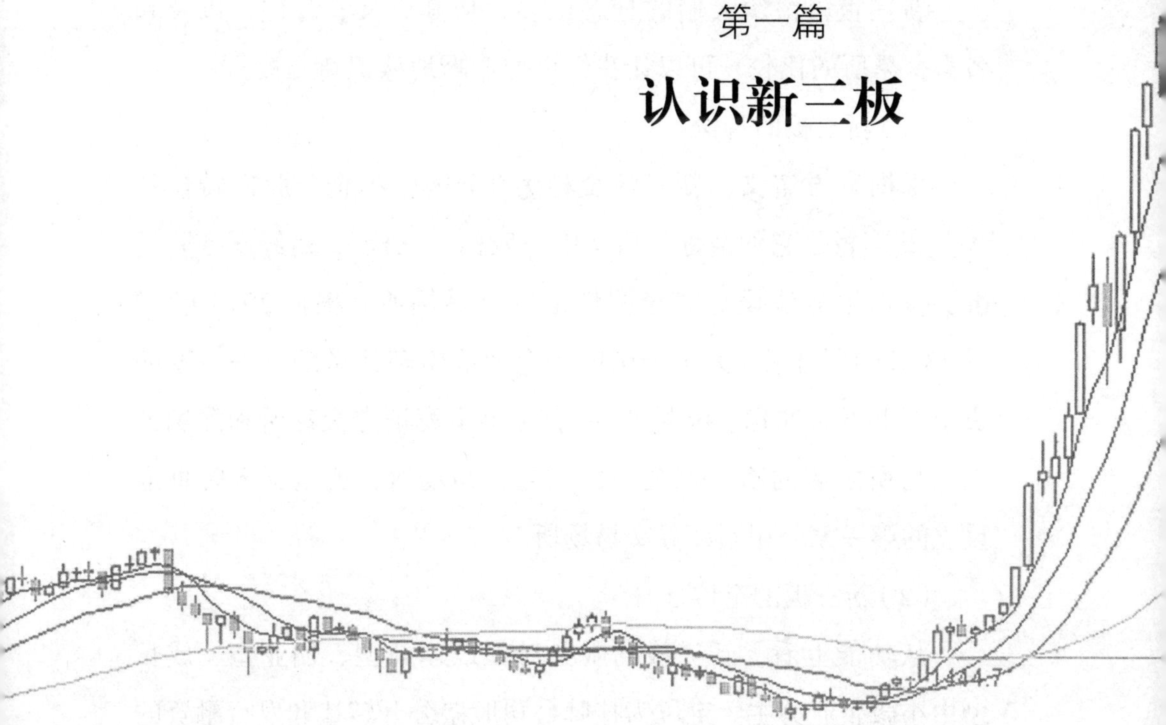

1 什么是新三板？

新三板，留给人们的悬念很多，从其定义、定位，以及和各类交易所的比较，可以让我们更加清晰地认识新三板。

（1）新三板的身份

根据官方定义，新三板全称为“全国中小企业股份转让系统”（新三板是它的俗称，后文中一般称新三板），是经国务院批准，依据证券法设立的全国性证券交易场所。根据2013年12月13日的国务院《关于全国中小企业股份转让系统有关问题的决定》（国发〔2013〕49号的），它是继上海证券交易所和深圳证券交易所之后的第三家全国性证券交易场所，也是国务院批准设立的第一家公司制证券交易场所。

（2）新三板的定位

从功能上看，新三板的服务对象以创新型、创业型、成长型中小微企业为主。定位为挂牌公司股票公开转让和发行融资的市场平台，为公司提供股票交易、发行融资、并购重组等相关服务，为市场参与人提供信息、技术和培训服务。

新三板的成立丰富了我国多层次资本市场体系，这一体系主要分为场内交易市场和场外交易市场。场内交易市场包括主板（含中小板）和创业板；场外交易市场包括新三板，地方产权交易所和地方股权交易所。在多层次体系中，新三板位于主板和创业板之后，之所以称之为新三板，是与之前运行多年的“代办股份转让系统”（原来的老三板市场）相区别。

（3）新三板与纳斯达克

既然新三板是一个场外交易市场，这就容易让我们联想到最著名的场外交易市场纳斯达克。在我们看来，新三板与纳斯达克是非常相似的，可以称之为中国的纳斯达克。它们有何相似之处呢？首先，它们服务的对象都是以创新型企业为主。苹果、谷歌、英特尔这些著名企业都是在纳斯达克得到了持续的资本支持，从而不断成长壮大，成为世界巨头。新三板就是以服务具有这类潜质的公司为主要目标，假以时日，新三板也很有可能诞生出中国的巨头企业。更进一步，为什么新三板和纳斯达克适合创新型企业？因为它们的准入门槛都很低！不管是纽交所还是沪深交易所，主板上市的条件都是很苛刻的，主要体现在对财务指标的要求上，这对还处于初创期、成长期的创新型企业非常不切实际，因为它们在创立后较长一段时期是难以盈利的。而新三板和纳斯达克都对这一类企业敞开大门，在这两个市场，看重的不是短期的盈利，而是长期持续稳定的成长。

（4）新三板挂牌公司与沪深两市上市公司有何不同？

在新三板挂牌的公司为非上市公众公司，但纳入证监会统一监督管理。换言之，企业挂牌新三板不是上市，是在股转系统进行挂牌。最目前最实质的区别在于在新三板挂牌公司不会进行公开募集资金，也就是不会进行我们常说的 IPO。但是从融资和交易等功能来看，挂牌与上市的功能极为相似，都能够促进投融资活动的顺利开展，为企业争取发展壮大所需要的资金，为投资者提供可选的投资标的。

（5）新三板的管理主体有哪些？

根据《全国中小企业股份转让系统有限责任公司管理暂行办法》（证监会〔第 89 号〕令）相关规定，全国中小企业股份转让系统有限责任公司（以后简称股转系统公司）负责全国股转系统的日常运营和管理。中国证监会依法对全国股转系统公司、全国股转系统的各项业务活动及各参与人实行统一监督管理。

2 新三板经历了怎样的成长之路？

（1）起源于“股权代办转让系统”

新三板起源于 2001 年“股权代办转让系统”，最早承接两网公司和退市公司，称为“老三板”。2006 年，中关村科技园区非上市股份有限公司进入代办转让系统进行股份报价转让，因为挂牌企业均为高科技企业而不同于原转让系统内的退市企业及原 STAQ、NET 系统挂牌公司，故形象地称为“新三板”。

（2）试点范围扩大，系统公司诞生

2012 年 8 月 3 日，证监会宣布扩大高新园区试点范围，新增上海张江、武汉东湖、天津滨海园区。在只有北京中关村的时候，“新三板”挂靠在深交所下面。当市场开始逐步做大之后，国家决定单独成立一个市场来对其进行管理。

2012 年 9 月 20 日，国务院批复设立的“全国中小企业股份转让系统有限责任公司”（简称“系统公司”）正式在工商总局注册登记。2013 年 1 月 16 日全国中小企业股份转让系统有限责任公司正式揭牌运营，注册资本 30 亿元，注册地在北京。从此，“新三板”发展成了“全国中小企业股份转让系统”，而原来和“新三板”并列的“老三板”，被扩张后的“新三板”接收了，成为“全国中小企业股份转让系统”的一部分；全国性场外市场的运作管理机构也从原来的中国证券业协会变为系统公司，原先在“新三板”上挂牌的公司全部由系统公司承接。新三板不再局限于服务中关村科技园区企业，计划发展成为全国性的非上市股份有限公司股权交易平台，主要针对的是中小企业。

（3）试点扩至全国，交易方式升级

2013 年 6 月下旬，国务院正式决定将全国中小企业股份转让系统试点，由四个园区扩大至全国。2013年12月13日，国务院发布了《关于全国中小企业股份转让系统有关问题的决定》（49号文），标志着“新三板”于正式扩容至全国。

2014年5月19日，全国中小企业股份转让系统证券交易和登记结算系统（简称“新交易结算系统”）正式上线，支持挂牌公司股票的协议转让、两网及退市公司股票的集合竞价转让等功能。新三板挂牌的公司股票由此实现了协议转让。为进一步激发交易活跃度，6月5日《全国中小企业股份转让系统做市商做市业务管理规定》正式出炉，标志着新三板做市商制度启动。

（4）第一批指数推出，新三板进入指数时代

2015年3月18日，新三板首批指数正式推出，包括股转系统成分指数（三板成指，899001）和股转系统做市成分指数（三板做市，899002），这无疑是新三板扩容以来一个里程碑式的事件。首先，指数推出后新三板市场就不再是一个零散的市场，而将作为一个整体受到投资界乃至全社会的广泛关注，新三板市场在成长，股价在提升，但以前缺乏一个量化衡量的标准，指数的推出可以向潜在投资者展示新三板成长的力量。其次，指数的推出为投资机构发行指数化投资产品铺平了道路，为专业程度有限的投资者开辟了稳健的投资渠道，吸引更多的资金加入到这一市场中来。

3 新三板与沪深交易所有何联系与区别?

与沪深交易所类似，新三板是目前仅有的三家全国性的证券交易场所之一，是处于证监会统一监管下的公开市场，在法律地位上与沪深交易所相近。在新三板挂牌的公司和沪深交易所上市公司同为公众公司，均需取得证监会的核准，股东人数可以超过 200 人，其股份可公开转让，可采取连续交易方式；挂牌公司股份和上市公司股份一样，均在中国证券登记结算有限责任公司集中登记托管。

新三板与沪深交易所的区别在于：

（1）服务对象不同

《国务院关于全国中小企业股份转让系统有关问题的决定》明确了新三板的定位主要是为创新型、创业型、成长型中小微企业发展服务。这类企业普遍规模较小，有的尚未形成稳定的盈利模式；而沪深交易所以服务成熟期、成长后期企业为主。

（2）风险包容度不同

新三板是一个风险包容度较高的市场，因为挂牌企业主要是创新成长型企业，高成长伴随着高风险，这是市场的一般规律；而沪深交易所风险包容度则相对较低。

（3）投资者构成不同

新三板实行了较为严格的投资者适当性制度，是以机构投资者为主的市场，而沪深交易所投资者准入门槛较低，机构和个人投资者并重，实际上散户占有很大的比例。

（4）公司准入门槛不同

新三板不设财务指标要求，而沪深交易所在 IPO 环节设有较高的财务指标要求。

（5）交易制度不同

全国股转系统目前主要采用做市商和协议转让两种交易方式，准备引入竞价交易方式；而沪深交易所则采用竞价交易方式。

（6）融资方式不同

从融资方式看，全国股转系统采用定向发行股票融资及私募债、可转债等债权融资方式，而沪深交易所在此之外还能实行公开发行即 IPO。

4 哪些投资者能够参与新三板投资？

符合投资者适当性管理原则的公司，能够参与新三板投资。《投资者适当性管理细则》已于 2013 年 2 月 8 日发布施行，并于 2013 年 12 月 30 日修改，明确了参与挂牌公司股票公开转让和参与挂牌公司股票定向发行的投资者。

（1）参与挂牌公司股票公开转让的投资者：

注册资本500万元人民币以上的法人机构或实缴出资总额500万元人民币以上的合伙企业；

集合信托计划、证券投资基金、银行理财产品、证券公司资产管理计划，以及由金融机构或者相关监管部门认可的其他机构管理的金融产品或资产；

投资者本人名下前一交易日日终证券类资产市值500万元人民币以上，且具有两年以上证券投资经验，或具有会计、金融、投资、财经等相关专业背景或培训经历。

（2）参与挂牌公司股票定向发行的投资者：

需符合以上“符合参与挂牌公司股票公开转让条件的投资者”的基本条件。同时，还有《非上市公众公司监督管理办法》第39条规定的投资者。

《非上市公众公司监督管理办法》第三十九条 本办法所称定向发行包括向特定对象发行股票导致股东累计超过200人，以及股东人数超过200人的公众公司向特定对象发行股票两种情形。

前款所称特定对象的范围包括下列机构或者自然人：

（一）公司股东；

（二）公司的董事、监事、高级管理人员、核心员工；

（三）符合投资者适当性管理规定的自然人投资者、法人投资者及其他经济组织。

公司确定发行对象时，符合本条第二款第（二）项、第（三）项规定的投资者合计不得超过35名。

核心员工的认定，应当由公司董事会提名，并向全体员工公示和征求意见，由监事会发表明确意见后，经股东大会审议批准。

投资者适当性管理规定由中国证监会另行制定。

5 新三板与区域性股权转让市场的关系？

新三板与区域性股权转让市场都是多层次资本市场的有机组成部分，在层次上新三板位于区域性股权转让市场之前，它们的功能和制度是不同的。

（1）覆盖范围的不同

新三板是经国务院批准，依据证券法设立的全国性证券交易场所，主要为创新型、创业型、成长型中小微企业发展服务。境内符合条件的股份公司均可通过主办券商申请在全国股份转让系统挂牌，公开转让股份，进行股权融资、债权融资、资产重组等。区域性股转转让市场是由地方人民政府批准设立，自行监管的股权转让市场。

（2）股东人数限制不同

新三板挂牌公司依法纳入非上市公众公司监管，股东人数可以超过 200 人。区域性股转转让市场挂牌公司是非公众公司，股东人数不允许超过 200 人。

（3）交易制度不同

新三板挂牌公司股份可以按照标准化交易单位持续挂牌交易，且不设 T+5 规定。而区域性场外市场不得将股份按照标准化交易单位持续挂牌交易；且任何投资者买入后卖出或卖出后买入同一交易品种的时间间隔不得少于 5 个交易日。

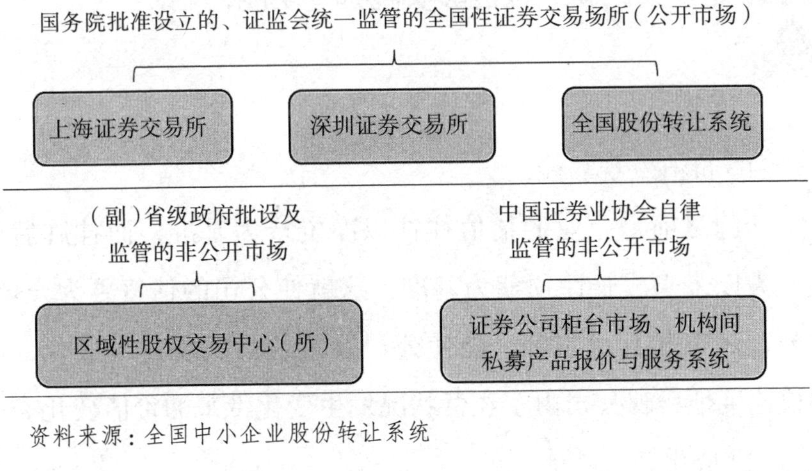

资料来源：全国中小企业股份转让系统

2015 年 3 月 7 日，证监会主席肖钢在参加重庆代表团全体会议发言时表示，区域性的“四板市场”要积极规范、扩大发展，其定位仍需认真研究。区域性股权市场宜定位于为小微企业提供服务，是省内的，不宜扩大范围变为全国性的。区域性股权市场不应把精力放在扩大交易频率、数量，甚至建一个交易所上，而应当着力实现四方面功能：一是培育、规范小微企业；二是区域市场应成为小微企业的融资中心，从债性融资起步，逐步发展股权融资；三是区域市场应成为扶持小微企业发展优惠政策综合运用的平台；四是成为资本市场中介服务的延伸，中介机构应当提高个性化、专业化的服务，尤其大型证券公司应当“下基层”，深耕细作。

6 企业借助新三板能够实现哪些功能？

（1）价值发现功能

挂牌之前，企业的估值往往以净资产为基准，而挂牌后则转变为以未来成长性预期为基准，这就使公司的估值更为合理。此外，做市和竞价制度，能使公司股票价格实现连续变化，能最快速度地反映公司由于经营状况发生变化带来的价值变化。

（2）股份转让功能

新三板挂牌公司股份可以通过做市转让或竞价转让，盘活市场流动性，从而使挂牌企业获得流动性溢价，投资者获得潜在的优质投资标的。

（3）并购重组功能

挂牌公司可以通过融资来进行横向或者纵向的兼并收购，实现自身的业务战略；也可以成为实力更为强大公司的并购标的，原股东以合理的价格出售股份或换取并购方公司的股份。不管是哪种方式，最终都实现了产业资源的优化整合。

（4）直接转板功能

新三板的转板机制为企业登陆沪深交易所提供了一条全新的通道。过去企业只能等业务成熟、财务达标才有可能实现IPO并上市交易，有了新三板以后，条件不成熟的企业可以先挂牌新三板，改善公司治理，提升公司品牌，获得资本支持，待上市条件成熟后申请转板。

（5）规范治理功能

挂牌公司在申请挂牌的过程中，要接受主办券商、会计师、律师等专业中介机构辅导，挂牌后还要接受主办券商的持续督导和证监会及全国股转系统的监管，遵照法规履行信息披露义务，不断完善公司治理和运营。这就有利于资本市场上融资主体整体规范性的提升。

7 新三板对于挂牌企业有何意义？

（1）拓宽了融资渠道

企业登陆新三板后，公司信誉得到显著提升，可以更容易地获得银行的信贷支持。挂牌公司也可以通过发行普通股、优先股、公司债券等产品进行直接融资，还可以通过新三板与其他金融机构搭建的服务平台间接融资。

（2）提升公司形象

挂牌企业作为公开披露信息的公众公司，拥有各自证券代码，可以充分展示公司的经营发展情况，公司在公众、客户、政府和媒体中的形象和认知度甚至产品竞争力将得到显著提升。

（3）提升公司治理水准

在企业与主办券商等中介机构的持续合作下，企业将建立规范的公司制度，包括建立“三会”制度；健全并有效执行公司内部控制体系；规范控股股东及实际控制人行为；确保公司在关联交易、对外担保、重大投资等方面合法合规；完善管理层激励与约束机制等。

（4）提升公司价值

扩容政策、转板上市政策、交易制度革新等政策将扩大投资者的投资空间，增强挂牌公司股票的市场活跃程度，引发投资者投资热情，为财富增值带来更多机会。

8 挂牌新三板对企业规范发展有何作用？

（1）提高知名度

封闭的企业永远无法走入资本市场的舞台，新三板具有指定的信息披露网站，挂牌企业有各自证券代码。企业挂牌后通过信息披露等行为展示企业的经营等情况使其知名度及产品竞争力显著提升。树立企业良好的公众形象，增加了品牌的价值，让灰姑娘变大明星，提高人气指数和曝光率。

（2）规范制度

在企业与主办券商等中介机构的持续合作下，企业将建立规范的企业制度，包括建立健全的股东大会、董事会、监事会等规章制度。健全企业内部控制体系，提升管理水平及运作效率以规范控股股东，保障企业独立运作，确保企业在关联交易、对外担保等方面合法合规。进而督促企业建立科学合理的人才任用、激励、考核机制来优化人员结构，实现市场、研发、生产和管理的人力资源合理配置。保证企业稳健、规范及可持续的发展同时又保证经理层能以股东的利益和企业的利润最大化为目标。

（3）股权激励效应

在新三板挂牌还具有股权激励效应，通过股权激励保证核心管理、技术人员的稳定来规避员工短期行为，降低企业运营风险和管理成本。稳定核心团队来保证企业经营持续性和客户稳定性。这样也有利于吸引外部优秀人才，降低企业即期成本。

9 发展新三板对投资者有何意义？

（1）为长期成长投资提供平台

新三板的成立，扩宽了长期成长投资的渠道。根据新三板的定位，挂牌企业应具有较强的创新实力和较大的成长空间，更适合长期成长投资。因此对新三板公司的投资很可能向长期的成长价值投资靠拢。

（2）降低股权投资的信息不对称

新三板使得挂牌公司的股权投融资行为被纳入交易系统，同时受到主办券商的督导和证券业协会的监管，相对于未挂牌企业来说风险更为可控。规范的信息披露制度使投资者更容易得到关于投资标的各方面信息，从而节约尽职调查成本。

（3）成为投资者退出的新渠道

对于天使投资、私募基金等以资本增值为目的的机构投资者来说，以往的退出渠道主要是IPO，时间不可控，等待周期长。新三板的创立，就为这些投资者带来了一种时间可控的资本退出新方式。因此，拟挂牌新三板的企业也成为机构投资者关注的新热点。

（4）优化投资组合

新三板拥有大量初创期企业，这是沪深股市所缺乏的。投资这类企业具有典型的高收益高风险特征。投资新三板可以丰富专业投资者的投资组合，且新三板挂牌企业行业分布广泛，投资者可以在行业配置上进一步优化投资组合。

10 新三板如何支持中小微企业发展？

国务院明确要求充分发挥新三板服务中小微企业进行股权融资、债权融资、资产重组等功能。证监会先后出台了多项措施，推进新三板服务中小微企业，如公布《优先股试点管理办法》，明确新三板挂牌企业可以发行优先股；修改《公司债券发行与交易管理办法》，将新三板挂牌企业纳入公司债券发行主体范围；发布新的业务规则，扩大新三板推荐、做市等业务的参与主体，为新三板服务中小微企业增加更多渠道等。各地方政府也积极响应，如：上海市发布《关于进一步促进资本市场健康发展的实施意见》，明确支持上海市企业到新三板等市场挂牌。

新三板的扩容和系统公司的成立可以说是中小企业的福音。因为只要一个公司满足挂牌的最基本的要求（基本没有财务门槛），并且能把自己的业务逻辑和发展前景说清楚，就可以成功申请挂牌，找到投资者，获得资本支持，一步一步实现自己的公司战略。具体来说：第一，获得更好的银行授信；第二，公开股权融资成为可能；第三，公开债权融资更加便捷；第四，并购重组有了公开的资本市场服务体系。

11 新三板挂牌企业数目及行业分布状况？

截至 2015 年 5 月 31 日，2015 年在“全国中小企业股份转让系统”挂牌的企业达到 926 家。而目前仍在挂牌的新三板上市公司中，除了今年新增的，共有 1566 家。也就是说，今年以来，新三板在不到半年的时间内就扩容接近 40%。今年在“新三板”挂牌的企业数量超过 3000 家已经没有悬念。

目前在新三板上市的 2492 多家公司分为 10 个行业，其中工业和信息技术行业的公司占比超过 60%，其他行业总共占比仅 40% 左右。

表 1　　股转系统市场挂牌企业分布

行业名称	挂牌家数	资产合计（万元）	总资产均值（万元）	净利润合计（万元）
工业	782	14,925,611.86	19,086.46	618,993.03
信息技术	755	7,650,765.88	10,133.46	480,740.03
材料	386	8,325,220.08	21,567.93	334,013.97
可选消费	208	3,866,490.76	18,588.90	192,865.85
医疗保健	137	2,160,137.20	15,767.42	213,566.14
日常消费	114	2,839,083.31	24,904.24	168,712.80
金融	40	7,445,674.92	186,141.87	252,998.82
能源	39	762,304.30	19,546.26	36,246.29
公用事业	17	385,422.50	22,671.91	26,557.76
电信服务	14	94,095.02	6,721.07	8,562.90

资料来源：wind 资讯

12　亏损的企业可以挂牌新三板吗？

亏损的企业可以挂牌新三板。

长久以来，持续性盈利要求是导致创新成长型企业难以在沪深两市融资的最大难题。新产业、新科技、新模式的创造往往需要大量的前期投入，而这些投入在一段相当长的时间内难以实现全额回收，也就无法实现盈利。如果一定要求短期内盈利，大多数中小企业只能依靠传统的成熟业务，导致无法全力转型投入创新业务。新三板的出现解决了这一矛盾，不要求实现盈利是其与于沪深两市最大的区别之一。新三板关注的是持续经营的能力，注重长期成长的逻辑，在挂牌申请时只需要对公司业务有清晰的描述即可。

近年来，阿里巴巴、京东、新浪微博、去哪儿、途牛网、兰亭集势等一批中国互联网领域的优秀企业都相继选择远赴美国上市，受到投资者的追捧，造成了互联网企业“国内开花国外香”的局面。对于还未到境外上市的企业，新三板的出现能为它们提供一个全新的选择，展望未来，在新三板挂牌的创新型公司，在资本市场的支持下，也必将出现一批优秀的公司。

13 新三板扩容，会不会分流A股市场的资金？

新三板在服务定位上与现有的主板、中小板和创业板市场存在较大差异，与主板之间功能互补、相互促进的关系。目前来看几乎没有明显的分流影响。

首先，新三板主要为创新型、创业型、成长型中小微企业服务，这类企业普遍规模较小，融资金额少。融资方式上目前只允许定向发行，并且严格限定发行对象和人数，因此涉及的资金量在当前阶段还比较有限。

其次，两类市场的投资者构成有很大区别。新三板实行严格的投资者适当性管理制度，投资者主要集中于产业资本、股权投资基金及其他类 PE 投资机构，这一类投资者的投资风格与 A 股投资者风格存在很大区别，他们更着眼于中长期投资，能够承受较高的风险，而 A 股投资者目前散户占比较大，因此两类市场目前不存在此消彼长的关系。

14 新三板市场的监管主体有哪些?

新三板全部挂牌公司，都依法纳入中国证监会关于非上市公众公司的统一监管。全国股转系统依法对挂牌公司履行自律监管职责，以信息披露为核心引导市场参与主体归位尽责，发挥市场自治。

根据《国务院关于全国中小企业股份转让系统有关问题的决定》，对于股东人数在 200 人以下的股份公司申请在全国股份转让系统公开转让股票，以及挂牌公司向特定对象发行证券预计持有人累计不超过 200 人的两种情形，证监会豁免核准。挂牌前公司股东人数超过 200 人，以及向特定对象发行证券后股东人数超过 200 人、股东人数已超过 200 人公司向特定对象发行证券需由证监会核准。

表 2　　新三板与中小板、创业板监管制度的区别

类别	新三板	创业板	中小板
发行批准	备案制	核准制	核准制
审批机构	全国股份转让系统公司及证监会	证监会	证监会
督导期	终身督导	三年	两年
地方政府	不直接监管	不直接监管	不直接监管

15 新三板市场的未来定位是什么?

（1）新三板对标的应该是纳斯达克

纳斯达克是美国专门为成长型小企业和高新技术企业融资而建立的平台。新三板的建立，对标的应该是“纳斯达克”，从服务对象上来说，是帮助高科技创新型中小企业进入资本市场大门；从制度设计上来说，也是要分层管理的。

（2）新三板是全国性的公开证券交易场所

2013 年 12 月 13 日，国务院正式发布《国务院关于全国中小企业股份转让系统有关问题的决定》（国发〔2013〕49 号），明确指出，全国中小企业股份转让系统是经国务院批准的，依据

证券法设立的全国性证券交易场所。新三板是继沪深交易所之后第三家全国性证券交易所，在场所性质和法律地位上，与证交所相同。

（3）新三板的服务对象是中小企业

新三板市场未来主要的服务对象会是创新型、创业型、成长型的中小微企业，为更多的中小企业提供股票交易、发行融资、并购重组等服务。

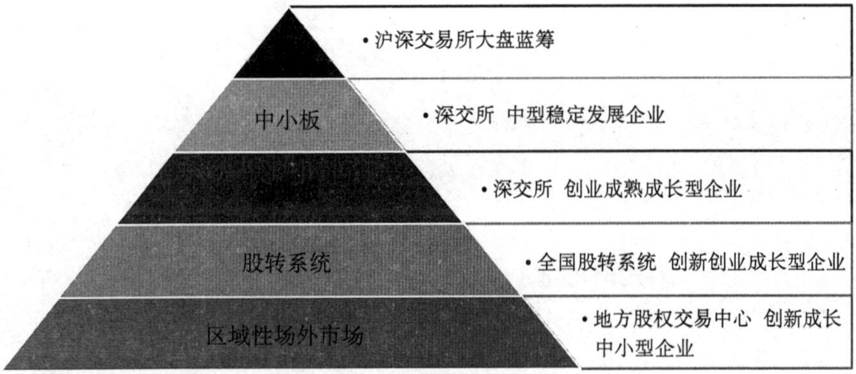

图 1

资料来源：全国股转系统公司，中国银河证券

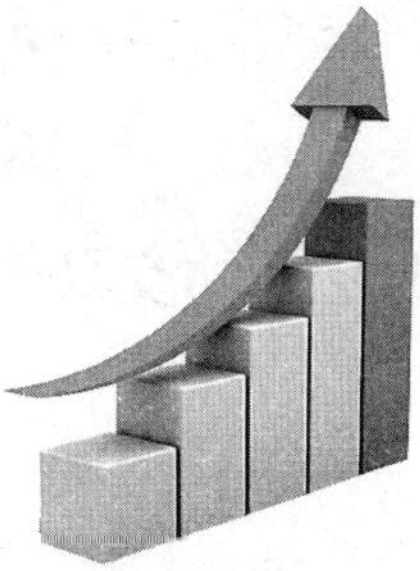

第二篇

新三板交易制度

1 新三板的交易方式是什么?

新三板市场交易方式有三种：协议转让、做市转让和连续竞价交易。现阶段，由于连续竞价交易方式的相关条件尚未明确，挂牌公司实际上可以选择的只有做市转让方式和协议转让方式。

（1）协议转让

协议转让是买卖双方在场外自由达成交易协议后，委托给股转系统成交。委托方式包括意向委托、定价委托和成交确认委托三种类型。

（2）做市交易

做市商制度是由做市商向想交易股票的投资者提供买价和卖价，若投资者的限价申报满足条件，则与做市商成交。做市商通过买卖差价实现一定的利润，并维持了市场的流动性。

（3）竞价交易

集中竞价交易是指二个以上的买方和二个以上的卖方通过

公开竞价形式来确定证券买卖价格和数量的交易方式。在这种方式下，既有买者之间的竞争，也有卖者之间的竞争，买卖各方都有比较多的参与者。

2 企业股票实现竞价转让的条件是什么？

竞价转让是新三板将要引入的新交易方式，与协议转让和做市转让相比，能够为市场提供更好流动性。那么企业要实现竞价转让的条件有哪些呢？尽管目前还没有官方的明确要求，但一般来说以下条件是应当满足的：

（1）规模足够大

规模太小的公司，股份数量和市值有限，难以形成连续的交易。比如说，在一个集市中，粮食和蔬菜的数量多，可以形成连续的交易，因此能得到相对稳定的市场价格，这与竞价转让的情况非常类似；古玩字画的数量少，交易自然也少，往往是一对一商量好价格成交，交易不连续，这又与协议转让的情况非常类似。

（2）股权足够分散

即使企业规模足够大，但股权都集中在个别人手上，也难以实现竞价转让，因此股权必须要足够分散。首先，股东数量要足够多，可能参与竞价转让的投资者才会多。其次，最好各类投资者都要有，不同的投资者对股价变化的预期不同，这样才能成为交易对手，股价才会活跃。

（3）公司自身优秀

在纳斯达克，实行竞价交易的公司往往是最优秀的一类公司，因为优秀的公司才会吸引更多投资者的关注，投资者有交易的冲动才能维持市场上持续的流动性。可以预期，在新三板竞价转让制度推出后，相对优秀的企业更有机会参与。

3 新三板的交易规则？

表 3　　新三板交易规则

规则种类	规则内容	备注
新三板交易时间	法定节假日和全国股份转让系统公司公告休市日外周一至周五 9:15—11:30，13:00—15:00	转让时间不因为因故停市而顺延。
买卖单位及限制	买卖股票的申报数量应当为 1000 股或其整数倍。股票转让单笔申报数量不得超过 100 万股	余额不足 1000 股的部分应一次性申报卖出
卖出时间限制	制度投资者买入当日买入的股票不得卖出；做市商当日买入的股票可以卖出	全国股份转让系统公司另有规定的除外
股价变动幅度	股票转让的计价单位为“每股价格”。股票转让的申报价格最小变动单位为 0.01 元人民币。成交原则达成的价格不在最小价格变动单位范围内的，按照四舍五入原则取	全国股份转让系统对股票转让不设涨跌幅限制；全国股份转让系统公司另有规定的除外

续表

规则种类	规则内容	备注
转让费用	投资者在股转系统买卖股票成交的，应当按规定向代理股票买卖的主办券商交纳佣金	不同的券商收取的交易佣金最高不会超过千分之三，最低按 5 元收取

4 新三板与创业板、中小板交易制度的区别有哪些？

表 4　　　新三板、创业板、中小板交易比较

类别	新三板	创业板	中小板
交易模式	协议、做市、竞价	连续竞价	连续竞价
交易单位	1000 股或其整数倍	一手（100 股）	一手（100 股）
交易时间	周一至周五 上午 9:15—11:30 下午 13:00—15:00	周一至周五 上午 9:15—11:30 下午 13:00—15:00	周一至周五 上午 9:15—11:30 下午 13:00—15:00
交易主体	符合要求的机构及自然人	合格的投资者	合格投资者
结算方式	T+1 交收、多边净额结算、货银对付、担保交收	T+1 交收、多边净额结算、货银对付、担保交收	T+1 交收、多边净额结算、货银对付、担保交收
证券账户	深交所证券账户	深交所证券账户	深交所证券账户
资金账户	第三方存管资金账户	第三方存管资金账户	第三方存管资金账户

资料来源：全国中小企业股份转让系统、沪市交易所、深市交易所

5 新三板交易费用明细有哪些？

表 5　　新三板交易费用明细

收费项目	收费标准	收费对象	收费单位
股份过户费	成交金额的 0.025‰（双边）	投资者	中证登
转让经手费	成交金额的 0.5‰（双边）	投资者	股转公司
结算费	成交金额的 0.1‰（双边），暂免	结算参与人	中证登
印花税	成交金额的 1‰	出让方	税务机关
做市转让交易佣金	自主定价	投资者	经纪券商

资料来源：全国中小企业股份转让系统、沪市交易所、深市交易所

6 如何在新三板进行股权协议转让？

（1）委托

名称	解释	包括
意向委托	投资者委托主办券商按其确定价格和数量买卖股票的意向指令。	证券账户号码、买卖方向、委托数量、委托价格、联系人等
定价委托	投资者委托主办券商按指定的价格买卖不超指定数量股票的指令。	证券账户号码、证券代码、买卖方向、委托数量、委托价格等
成交确认委托	买卖双方达成成交协议，或投资者拟与定价委托成交，委托主办券商以指定价格和数量与指定对手方确认成交的指令	证券账户号码、证券代码、买卖方向、委托数量、委托价格、成交约定号等

（2）申报

名称	包括
意向申报	券账户号码、证券代码、交易单元代码、买卖方向、申报数量、申报价格、联系人、联系方式等
定价申报	证券账户号码、证券代码、交易单元代码、证券营业部识别码、买卖方向、申报数量、申报价格等
成交确认申报	证券账户号码、证券代码、交易单元代码、证券营业部识别码、买卖方向、申报数量、申报价格、成交约定号等

（3）成交

每个转让日的 9:30—11:30、13:00—15:00 为协议转让的成交确认时间。每个转让日 15:00，全国股份转让系统按照时间优先原则，将证券代码和申报价格相同、买卖方向相反的未成交定价申报进行匹配成交。

成交确认申报与定价申报可以部分成交。如果成交确认申报股票数量小于定价申报，以成交确认申报的股票数量为成交股票数量；如果成交确认申报股票数量大于定价申报，以定价申报的股票数量为成交股票数量。成交确认申报未成交部分以撤单处理。

7 协议转让过程中投资者应注意哪些问题?

协议转让不同于主板市场的交易，在细节上有诸多不同。建议关注以下方面：

（1）协议转让没有涨跌幅限制，因此定价申报时需要准确填写申报价格，谨防出现价格错误被对手方点击成交；

（2）互报成交确认申报双方填报买卖方向相反、数量、价格、约定号等必须完全一致，否则会导致申报失败做撤单处理；

（3）如系统中无对应的定价申报，该成交确认申报会作撤单处理，不会保留在系统中；

（4）定价申报方式可能会被任意投资者点击成交，因此，如投资者欲与确定对手方成交，请选择“互报成交确认”申报方式。

8 采取协议转让成交确认申报方式的是否需要手动录入约定号?

投资者拟采取互报成交确认委托方式成交的，其成交确认委托应包括：证券账户号码、证券代码、买卖方向、委托数量、委托价格、成交约定号，并应注明对手方交易单元代码和对手方证券账户号码。其中，成交约定号应由买卖双方约定，取0至999999（含）之间任意整数。

投资者通过成交确认委托方式与定价委托成交的，其成交约定号由系统自动分配，无需手动录入。

9 什么是做市商制度?

做市商制度是指具备一定实力和信誉的法人充当做市商，不断地向投资者提供买卖价格，并按其提供的价格接受投资者的买卖要求，以其自有资金和证券与投资者进行交易，从而为市场提供即时性和流动性，并通过买卖价差实现一定利润。简单说就是：报出价格，并能按这个价格买入或卖出。

做市商制度可以提高资产流动性，增强市场吸引力，有效稳定市场，校正买卖指令不均衡现象，促进市场平衡运行。其中首要的任务是稳定市场，所以做市商必须履行“做市”的义务，即在尽可能避免市场价格大起大落的条件下，随时承担做市标的的双向报价任务，只要有买卖盘，就要报价。

10 挂牌公司股票采取做市转让的条件是什么?

新三板挂牌公司，采取做市转让需具备以下条件：

（1）需要至少2家以上做市商同意为申请挂牌公司的股票提供做市报价服务，且其中1家做市商必须为推荐该公司挂牌的主办券商或该主办券商的母（子）公司。

（2）做市商合计取得不低于申请挂牌公司总股本5%或100万股（以孰低为准），且每家做市商不低于10万股的做市库存股票。

（3）全国股份转让系统公司规定的其他条件。

其中，第二点中关于数量问题，特别需要说明的是，当前政策只对初始库存股数量的下限做出规定，而并未规定做市商在做市过程中库存股票的上限。其原因一方面是因为做市商若大量持有做事股票触发全面要约收购的标准，则有相应的并购办法进行管理。另一方面，当做市商库存股大幅度变动时可采用延期公告的方式，以避免市场投资者对做市商仓位的判断而进行逼仓等投机行为。

11 如何在新三板进行做市转让?

做市转让方式下，投资者只可进行限价委托。限价委托是指投资者委托主办券商按其限定的价格买卖股票的指令，主办券商必须按限定的价格或低于限定的价格申报买入股票；按限定的价格或高于限定的价格申报卖出股票。

限价委托包括证券账户号码、证券代码、买卖方向、委托数量、委托价格等内容。

全国股份转让系统对到价的限价申报即时与做市申报进行成交；如有 2 笔以上做市申报到价的，按照价格优先、时间优先原则成交。成交价以做市申报价格为准。

做市商更改报价使限价申报到价的，全国股份转让系统按照价格优先、时间优先原则将到价限价申报依次与该做市申报进行成交。成交价以做市申报价格为准。

到价是指限价申报买入价格等于或高于做市申报卖出价格或限价申报卖出价格等于或低于做市申报买入价格。

限价申报之间、做市申报之间不能成交。

12 协议转让和做市转让两种方式之间相互变更的条件是什么?

协议转让方式的股票，申请变更为做市转让，条件是2家以上做市商同意为该股票提供做市报价服务，并且每家做市商已取得不低于10万股的做市库存股票，以及全国股份转让系统公司规定的其他条件。

做市转让方式的股票，申请变更为协议转让，条件是该股票所有做市商均已满足《转让细则》关于最低做市期限的要求，且均同意退出做市，以及全国股份转让系统公司规定的其他条件。

13 挂牌公司选择做市商的标准?

新三板的做市交易，是一个系统工程，关系到公司后续市值管理和持续融资能力。因此，选择做市商，需要对做市商的综合实力进行评估。一般来说，由于新三板公司出于发展早期，估值不稳定，需要做市商和各类投资机构的综合协调。因此，我们建议，在选择做市商的同时，也要选择具有市场影响力或专业能力强的第三方服务机构作为财务顾问，为公司今后的持续融资提供综合专业支持。

从做市商角度来看，需要考虑以下几点：

（1）首先要考虑券商的估值研究能力，因为不同券商对公司价值的认知能力是有差异的，研究能力越强，越能够发觉公司的内在价值，也就能够尽可能平抑公司股价不合理的剧烈波动。

（2）公司的资金实力，按券商1:1的持仓量配置交易资金，做市股票的数量越多，对资金要求也越高。有充足的资金作为保障才能充分满足保持市场的流动性需求。

（3）交易的能力，做市交易具有较高技术要求，交易能力较强的券商才能为做市标的提供合理的定价和必要的流动性，可以避免股票因流动性不足而无法成交，还可以避免股价波动幅度过大。

（4）券商的人才储备与服务水平。券商的人才储备与服务水平对是否能长期稳定地提供优质的做市服务具有至关重要的作用，这也应当成为挂牌公司选取做市商的重要标准。

14 做市商进行做市有哪些具体环节？

做市商进行做市的流程包括选股、估值、定价、申报、交易等几个环节。

在选股方面，以天阅财富为代表的财务顾问机构认为，应重点关注企业的业务规划和团队的业务能力，以及与之相匹配的合理的融资规划。这些代表了企业的未来成长空间。但当前大多数券商多以规模、业绩指标为先导，规模大、业绩漂亮的企业成为券商首选。具体量化指标则包括：企业基本面、净利润、营业收入、市盈率、资产收益率等指标。我们认为，本着为创业企业服务的原则，应充分发挥财务顾问机构的专业能力，更多关注企业所处行业、团队情况、估值情况、核心竞争力及成长性情况等也需要考量。

在估值过程中，预期市盈率是一个重要的指标。对于新三板公司的估值，不能简单套用市盈率公式，因其受业绩波动的影响非常大，而处于成长期的公司更是如此。因此需要对未来的业务规划有所认知，用新的估值体系来正确评估公司未来的成长空间。

在定价环节，挂牌企业和券商之间无疑存在利益冲突。从挂牌企业的角度来说，定价越高，获得的资金就越多；但是就券商而言，定价越高就意味着更高的风险。因此，券商需要在认真衡量各方因素后定出一个相对合理的价格。而企业也应该有自己的核心财务顾问，委托核心财务顾问，充分展现公司的成长规划，获得最大的市场认可。

申报环节。根据市场规则，做市商每次提交做市申报应当同时包含买入价格与卖出价格，且相对买卖价差不得超过5%。相对买卖价差计算公式为：相对买卖价差 =（卖出价格 – 买入价格）÷ 卖出价格 ×100%。虽然与国际上其他市场相比，相对买卖价差并不低，但是，这也无形中对做市商定价形成了一定的约束。

在最后的交易环节，券商根据股票的市场追捧程度赚取差价收益。这是考验做市商的交易策略的关键环节，也是做市商发挥稳定市场机制和获得稳定回报的关键。

15 引入做市制度有什么优点？

做市制度在众多金融产品的交易中被引入，是一种成熟的提供交易流动性的机制安排，也是一种有效的市场稳定机制。其主要优点体现为：

（1）为交易提供资金

在交易中，做市商先用自己的资金买进股票，然后再卖出。这就为交易提供了充足的资金，使得市场的流动性增强，增加了交易的深度和广度。

（2）提高市场交易活跃度

做市商制度能够有效活跃市场。新三板挂牌企业的规模相对较小，市场风险相对较高，投资者和证券公司参与的积极性会受到很大影响。而做市商有着强大的资金实力，特别是在市场信心普遍不好的时，他们随时可以进行买卖，能够有效活跃市场。买卖双方不必等对方出现，只要有做市商在，交易就可以进行。

（3）稳定市场

做市商制度能够有效稳定市场，促进市场平衡。做市商除了具有相关的特权时，还有责任在股价暴涨暴跌时参与做市，有利于遏制过度投机，稳定市场。

（4）价格发现

做市商一般会聘请一些专业人才，综合分析所有市场参与者的行为、心理等各种信息，衡量自身风险和收益，对股票做出报价。一般投资者在做市商报价的基础上做出买卖决策，并反过来影响做市商报价，从而，股票价格逐步靠近真实价值。

16 新三板的流动性如何？

新三板市场的流动性正在逐步提高。从交易额来看，从2014年上半年每个交易日不到1以人民币的交易额，逐步稳定到10个亿以上。

从交易方式来看，现阶段，竞价转让的相关条件尚未明确，挂牌公司股票实际上只有协议转让和做市转让两种方式。协议转让要经过交易双方自主协商定价，其过程较为繁琐，交易并不活跃。做市转让制度由于做市商的存在，大大活跃了市场，股票的流动性会有大幅的提升。随着越来越多的公司引入做市商，市场交投也必然会更加活跃。

投资准入门槛高和股权分散度低是新三板流动性地的两大障碍。如果未来新三板市场投资门槛降低，吸引更多投资者进入新三板市场，无论是协议转让还是做市转让，交易量将会有很大提升。而且，随着新三板市场积累和技术条件的改善，股权足够分散，集合竞价制度的得以实施，将会大大促进新三板市场的流动性。

事实上，随着私募的大发展，投资门槛较高的弊端正在逐步减弱。作为挂牌公司来说，提高取票流动性的关键在于股权的分散度。一般应由其核心的财务顾问或做市商团队，制定交易策略，不断提高股权的分散度。

17 做市商如何活跃企业交易？

做市商制度起源于美国的纳斯达克，从美国成熟市场的经验看，做市商制度在增强股票流动性方面发挥的作用巨大。做市商可以向二级市场连续双向报价，投资者可按做市商的报价进行交易。另外，做市商可以用有资金介入买卖，组织市场活动，增加报价吸引力，进行人为的买进和卖出造市。

截至 2015 年 5 月 31 日，新三板交易情况如下：

项目	做市转让	协议转让	合计
挂牌公司家数	383	2109	2492
总股本（亿股）	206.97	948.97	1155.94
流通股本（亿股）	92.49	308.72	401.21
成交金额（亿元）	4．20	5.78	9.98
成交数量（亿股）	0.32	1.02	1.34

数据来源于全国股转系统

从交易情况来看，做市转让成交的股票只数、成交总金额以及成交笔数都高于协议转让，做市转让大大活跃了挂牌企业的股票交易。

18 做市商能否中途加入和退出?

做市商可以中途加入和退出做市，但需要满足一定条件。挂牌时采取做市转让方式的股票，后续加入的做市商须在该股票挂牌满 3 个月后方可为其提供做市报价服务。后续加入的做市商应当向全国股份转让系统公司提出申请。

挂牌时采取做市转让方式的股票和由其他转让方式变更为做市转让方式的，其初始做市商为股票做市不满 6 个月的，不得退出为该股票做市；后续加入的做市商为股票做市不满 3 个月的，不得退出为该股票做市。做市商退出做市的，应当事前提出申请并经全国股份转让系统公司同意。做市商退出做市后，1 个月内不得申请再次为该股票做市。

19 做市商相较于普通投资者有哪些优势？

（1）做市商能够获取较多的做市报价信息，包括做市股票实时最优 10 个档位限价申报价格和数量等信息，该股票其他做市商的实时最优 10 笔买入和卖出做市申报价格和数量等信息。

（2）做市商在做市转让撮合时间内实行 T+0 回转交易。做市商做市买入的股票，买入当日可以卖出，降低了做市商的做市资金压力。

（3）做市商盘后交易。每个转让日的 15:00—15:30，做市商之间可以采用成交确认申报方式调剂库存，做市商当日从其他做市商处买入的股票，买入当日不得卖出。

20 何为“挂牌股票借贷业务”？

“挂牌股票借贷业务”是券商利用做市的库存股质押融资，即用股票等有价证券提供质押担保获得融通资金的一种方式。该业务要求借款人应具备以下条件：

（1）资产具有充足的流动性，且具备还本付息能力；

（2）其自营业务符合中国证券监督管理委员会规定的有关风险控制比率；

（3）已按中国证券监督管理委员会规定提取足额的交易风险准备金；

（4）已按中国证券监督管理委员会规定定期披露资产负债表、净资本计算表、利润表及利润分配表等信息；

（5）最近一年经营中未出现中国证券监督管理委员会认定的重大违规违纪行为或特别风险事项，任高级管理人员与主要业务人员无中国证券监督管理委员会认定的重大不良记录；

（6）客户交易结算资金经中国证券监督管理委员会认定已实现有效独立存管，未挪用客户交易结算资金；

（7）经营稳健，与我行合作良好；

（8）贷款人要求的其他条件。

很多券商具有良好的盈利能力和风险控制能力，但受制于自身资金量较小，其盈利能力和资金管理的能力无法得到充分发挥。而解决这一问题最有效的方法之一就是“挂牌股票借贷业务”。该业务为证券公司正常经营活动提供资金支持，拓宽券商融资渠道，促进资本市场的稳健发展。券商可以通过“挂牌股票借贷业务”实现“加杠杆”。然而新三板挂牌企业的股票价格在很多情况下，很难看成是公允价格。此外，对于采取做市方式交易的挂牌公司，股票价格的连续性还有所保障，对于采取协议转让等方式交易的挂牌公司来说，在缺乏公允价值和股票价格连续性的情况下，质押率如何确定仍是难题。

21 做市商能参与定增投资吗?

做市商能参与定增投资。主办券商投资于挂牌公司，将丰富券商的业务条线，形成新的盈利空间。同时也有利于推荐业务与直投、资管等业务的相互联动，为挂牌公司提供综合性的金融服务。

根据全国中小企业股份转让系统发布的《新三板挂牌公司股票发行研究报告》显示，自 2014 年至 2015 年 5 月 31 日，新三板市场共完成 766 次股票定向发行，募集资金 388.89 亿元。新三板共有 27 家挂牌公司向做市商进行了股票发行。其中向做市商进行股票发行的挂牌公司在规模、盈利能力、成长性和现金流状况等各方面都体现出优良的质地：

（1）资产规模较大，平均总资产 18059 万元，较挂牌公司平均值高出 9.08%，平均净资产 9897 万元，较挂牌公司平均值高出 36.72%；

（2）盈利能力较强，营业收入均值 16511 万元，比挂牌公司的平均水平高出 24.81%，净利润更是比挂牌公司均值高出一倍以上，业绩表现极为突出；

（3）具有较高的成长性，2013 年营业收入增长率和净利润增长率都接近 40%，数倍于挂牌公司的平均水平；

（4）现金流量较为充裕，经营活动现金净流量为 1225 万元，是挂牌公司均值的 2.2 倍。

此外，主办券商通过旗下直投子公司、资管计划等参与认购挂牌公司股票。国元直投和海通开元两家券商直投子公司认购了挂牌公司佳先股份的股票；中信建投和齐鲁证券入股挂牌公司新眼光；太平洋证券旗下的资产管理计划（丰盈 11 号定向资产管理计划）入股挂牌公司金达莱。

22 有哪些金融机构可以参与投资新三板？

为提高新三板流动性，证监会积极指导证券公司、基金管理公司依法投资全国股转系统挂牌股票，壮大全国股转系统机构投资者队伍。根据2014年12月25日证监会发布《关于证券经营机构参与全国股 转系统相关业务有关问题的通知》：

（1）证券公司自营业务投资于全国股转系统挂牌股票的，应建立有效的投资决策管理体系，并与推荐、经纪、做市等业务进行必要隔离，防范利益冲突。

（2）证券公司客户资产管理业务投资于全国股转系统挂牌股票的，应在资产管理合同中约定相关股票投资比例和策略，并充分揭示风险。现有证券公司资产管理计划投资全国股转系统挂牌股票的，应当按照合同约定的方式取得客户和资产托管机构同意，并依法变更合同相关条款，履行相关备案程序。

（3）经证监会同意，证券公司可以试点开展全国股转系统挂牌股票的质押式回购等创新业务，为中小微企业提供融资支持。

（4）支持基金管理公司在有效保护投资者利益、防范相关风险的前提下，试点推出投资于全国股转系统挂牌股票的公募基金产品。支持合格境外机构投资者（QFII）、人民币合格境外机构投资者（RQFII）投资于全国股转系统挂牌股票。

目前，新三板目前暂时不会向社会公众全面开放，面向的主要是具有专业投资能力的机构和个人，这类投资者的风险承受能力和风险管理能力通常也较强。在这一范围内，当前政策支持基金管理公司子公司、期货公司子公司、证券投资咨询机构等其他机构积极开展相关业务。

23 哪些市场主体积极参与新三板股票发行？

（1）私募股权投资基金

私募股权投资基金（PE）在挖掘创新成长型企业发面具有丰富的经验，新三板为PE提供了大量可供选择的投资标的，而且新三板挂牌公司在公司治理和财务信息上较非挂牌公司更为规范，可以节约一定的尽职调查成本。

（2）做市商

由于做市商进行做市交易需要先获得挂牌一定的库存股票，随着做市交易覆盖范围的扩大，做市商更加积极地参与到新三板股票发行。

（3）公募基金

公募基金目前主要通过基金子公司参与新三板股票发行。随着新三板市场的快速发展，大量公募基金公司正在积极展开布局，鉴于公募基金强大的资金实力和投资能力，未来必然成为新三板市场重要的投资力量。

（4）有专业投资能力的个人、合伙企业或法人

有专业投资能力的个人、合伙企业或法人，也可以参与新三板股票的发行。一般取决于资金实力和专业的项目分析能力。

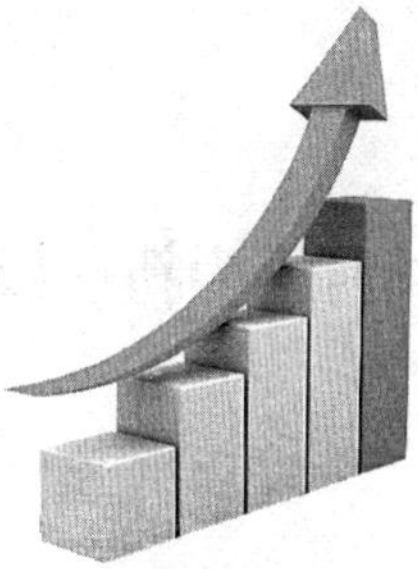

第三篇

投资新三板与常见问题

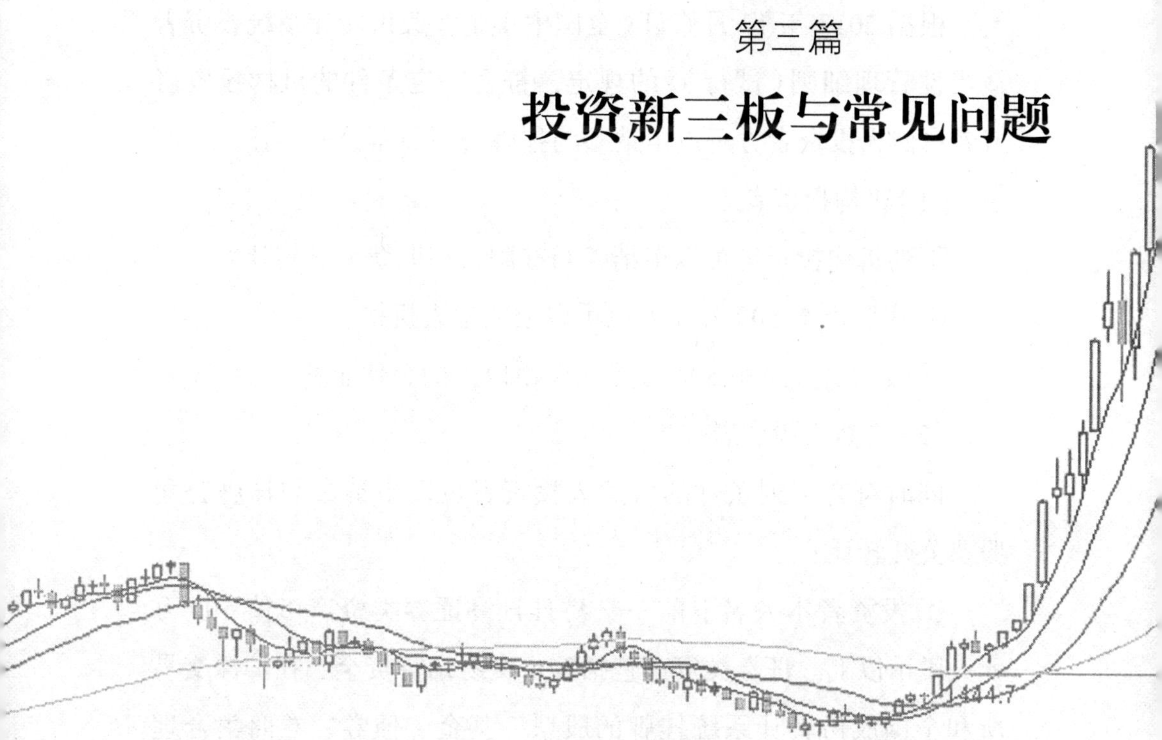

1 如何成为新三板交易的投资者？

根据2013年12月修订《全国中小企业股份转让系统投资者适当性管理细则（试行）》的规定，符合一定条件的机构投资者或者自然人投资者方可以申请参与挂牌公司股票公开转让。

（1）机构投资者

下列机构投资者可以申请参与挂牌公司股票公开转让：

①注册资本500万元人民币以上的法人机构；

②实缴出资总额500万元人民币以上的合伙企业。

（2）自然人投资者

同时符合下列条件的自然人投资者可以申请参与挂牌公司股票公开转让：

①投资者本人名下前一交易日日终证券类资产市值500万元人民币以上。证券类资产包括客户交易结算资金、在沪深交易所和全国股份转让系统挂牌的股票、基金、债券、券商集合理

财产品等，信用证券账户资产除外。

②具有两年以上证券投资经验，或具有会计、金融、投资、财经等相关专业背景或培训经历。投资经验的起算时间点为投资者本人名下账户在全国股份转让系统、上海证券交易所或深圳证券交易所发生首笔股票交易之日。投资者买卖股票，应当以实名方式开立证券账户和资金账户，与主办券商签订证券买卖委托代理协议，并签署相关风险揭示书。

（3）境外投资者

全国股份转让系统公司是经国务院批准设立的全国性证券交易场所，所有符合《合格境外机构投资者境内证券投资管理办法》和《人民币合格境外机构投资者境内证券投资试点办法》规定的合格境外机构投资者（QFII）和人民币合格境外机构投资者（RQFII）均可参与。外资股东办理证券账户应遵照中国证券登记计算有限责任公司《关于外国战略投资者开A股证券账户等有关问题的通知》。

注：根据监管机构态度的变化，未来自然人投资者500万元的资产门槛很有可能降至50万元，甚至更低。

2 实务中如何把握“具有会计、金融、投资、财经等相关专业背景或培训经历”这一标准?

新三板企业，由于处于成长的早期，发展前景不确定，估值也极不稳定。因此，要求投资者具备一定的投资经理或专业背景。当投资经验不足2年时，应具有会计、金融、投资、财经等相关专业背景或培训经历。对证券投资经验，或相关专业背景、培训经历提出要求，是为了审慎评估投资者的风险识别能力，引导投资者理性参与全国股份转让系统的交易。

在实务中，投资者与主办券商应厘清双方权责关系。投资者要主动提供有关会计、金融、投资、财经等相关专业的学历证书、考试合格证明文件、培训证书等材料，证明自身具备相关专业背景或培训经历，并接受主办券商的风险测评，确认自身具备参与市场的风险识别能力和风险承受能力。主办券商应做好风险揭示、风险测评和业务留痕工作。

3 投资者参与新三板的具体流程？

（1）投资者选择一家从事全国中小股份转让系统经纪业务的主办券商，申请开通全国中小企业股份转让系统挂牌公司股票买卖权限，主办券商将依据《全国中小企业股份转让系统投资者适当性管理细则（试行）》相关规定进行审查，符合条件的，方可为投资者办理开通手续。

（2）目前，投资者参与挂牌公司股票公开转让，应开立深圳市场人民币普通股票账户。

（3）经审查符合投资者准入标准的投资者应当与主办券商签订《买卖挂牌公司股票委托代理协议》以明确双方的权利和义务。投资者在签订该协议前，应认真阅读并签署《挂牌公司股票公开转让特别风险揭示书》。

（4）参与新三板交易。一般应熟悉相关行情软件和交易软件。

4 投资者在新三板买卖挂牌公司的股票如何收费？

根据《全国中小企业股份转让系统有限责任公司有关收费事

宜的通知》的有关规定，投资者在全国股份转让系统进行股票转让，需向按成交金额的一定比例缴纳转让经手费，按股票转让成交金额的0.5‰双边收取。

交易佣金由券商按其标准收取，各大券商营业部可以根据资产规模和交易活跃度自行调整。目前差别较大，分布在0.3‰—3‰之间，集中于0.5‰—1.5‰之间。

根据《关于在全国中小企业股份转让系统转让有关证券（股票）交易印花税的通知》，在全国中小企业股份转让那个系统买卖、继承、赠予股票所书立的股权转让书据，依书立时实际成交金额，由出让方按1‰的税率计算缴纳证券（股票）交易印花税。

5 投资者如何参与挂牌企业定增?

投资者首先要满足参与定增的门槛。《投资者适当性管理细则》第六条规定了参与挂牌公司股票定向发行的投资者准入标准：一是符合《非上市公众公司监督管理办法》第三十九条规定的投资者；二是符合参与挂牌公司股票公开转让条件的投资者。

满足参与定增门槛的投资者，在通过股转系统官网等渠道了解到定增信息后，与意向投资项目联系人进行沟通，积极参与意向投资项目的路演与询价，确定投资细节。协商一致后，按照《全国中小企业股份转让系统股票发行业务指南》进行出资缴款，并办理股份登记。

6 持有公司股票但不满足最新投资者条件的自然人如何处理?

根据《全国中小企业股份转让系统投资者适当性管理细则（试行）》（2013 年 12 月 30 日修改）第七条的规定，公司挂牌前的股东、通过定向发行持有公司股份的股东等，如不符合参与挂牌公司股票公开转让条件，只能买卖其持有或曾持有的挂牌公司股票。已经参与挂牌公司股票买卖的投资者保持原有交易权限不变。

2013 年 12 月 30 日《关于境内企业挂牌全国股转系统有关事项的公告》发布前，满足 300 万元人民币以上（含 300 万元）资产要求且已参与全国股份转让系统的自然人投资者，合格投资人资格继续有效，可以买卖所有挂牌公司的股票。

涉及股票发行业务的，2013 年 12 月 30 日之前股票发行方案尚未经挂牌公司董事会决议通过的，除挂牌公司的股东、董事、监事、高级管理人员及核心员工外，其他发行对象应当满足修订后的《适当性管理细则》的要求，自然可以参与新三板所有股票的正常买卖。挂牌公司的股东、董事、监事、高级管理人员及核心员工参与本公司的股票发行，如不符合参与挂牌公司股票公开转让条件的，只能买卖本公司的股票。

持有公司股票但不满足最新投资者条件的自然人主要包括三类人，分别是挂牌前的公司股东、规定修改之前已经参与新三板交易的投资者和定向增发获得公司股票的股东。对于这三类持有公司股票但不满足最新投资者适当性要求的自然人应当区别对待。

挂牌前的公司股东又包括两类概念，既包括普通意义上的初次登陆新三板挂牌的公司，也包括由主板退市来到新三板的公司。自2012年退市新规出台以后，退市转板的制度更加完善，因为业绩连续亏损而触发退市条件的上市公司将会转入新三板交易，长油3便是这一规定出台后首家退市进入新三板交易的A股企业，若在退市整理期内股票持有者并未将股票卖出，那么其持有的股份将自动转入新三板交易。对于这类投资者，公司挂牌前的股东、通过定向发行持有公司股份的股东等，如不符合参与挂牌公司股票公开转让条件，只能买卖其持有或曾持有的挂牌公司股票。

7 关于原始股东股票、定向增发股票的限售期是多长?

原始股东的股票限售，是受《公司法》约束的，一般是从股份制改造的时点算起，一年内不得转让。根据《公司法》第 142 条的规定，“发起人持有的本公司股份，自公司成立之日起一年内不得转让……公司董事、监事、高级管理人员应当向公司申报所持有的本公司的股份及其变动情况，在任职期间每年转让的股份不得超过其所持有本公司股份总数的百分之二十五……上述人员离职后半年内，不得转让其所持有的本公司股份……”

原始股东中的实际控制人，在挂牌之后则有更多的约束。根据《业务规则》第 2.8 条规定：“挂牌公司控股股东及实际控制人在挂牌前直接或间接持有的股票分三批解除转让限制，每批解除转让限制的数量均为其挂牌前所持股票的三分之一，解除转让限制的时间分别为挂牌之日、挂牌期满一年和两年。

挂牌前十二个月以内控股股东及实际控制人直接或间接持有的股票进行过转让的，该股票的管理按照前款规定执行，主办券商为开展做市业务取得的做市初始库存股票除外。因司法裁决、继承等原因导致有限售期的股票持有人发生变更的，后续持有人应继续执行股票限售规定。

挂牌公司股东如果符合上述身份或情形的，应按照上述规定进行所持股票的解限售。”

定向增发的股票没有限售规定，除非定向增发对象自愿做出关于股份限售方面的特别约定，否则，定向增发的股票无限售要求，股东可随时转让。

8 投资者如何通过互报成交确认申报方式成交不足1000股的股票？

根据《全国中小企业股份转让系统股票转让细则(试行)》第二十八条的规定，买卖股票的申报数量应当为1000股或其整数倍。卖出股票时，余额不足1000股部分，应当一次性申报卖出。在投资者证券账户某一股票余额不足1000股时，可以一次性成交不足1000股的股票。除此之外，每笔委托数量应为1000股或其整数倍。

协议转让方式下的余股申报，举例说明如下：

例1：投资者余股2500股。此时，投资者可以一次性申报卖出2500股；也可以先申报卖出2000股，再申报卖出500股，但不能先申报卖出500股，再申报卖出2000股。

例2：投资者余股500股。此时，投资者只能一次性申报卖出500股，不能进一步拆细，如先申报卖出200股，再申报卖出 300 股。

例 3：投资者余股 500 股且一次性定价申报卖出。此时，对手方拟与之成交的，需进行成交确认申报，申报数量应当为 1000 股或其整数倍，不能小于 1000 股（如 500 股、600 股）。

例 4：投资者者余股 500 股，该投资者与其他投资者协商一致，拟通过互报成交确认申报方式成交，买卖双方进行成交确认申报的数量均可以且只应为 500 股。

9 什么是新三板挂牌公司股票的差别化个人所得税政策？

全国股份转让系统挂牌公司的股票持股期限在 1 个月以内（含 1 个月）的，其股息红利所得全额计入应纳税所得额；持股期限在 1 个月以上至 1 年（含 1 年）的，暂减按 50% 计入应纳税所得额；持股期限超过 1 年的，暂减按 25% 计入应纳税所得额。

这项差别化个人所得税政策，以前只针对上市公司的投资者，现在这项政策惠及新三板挂牌的公司，这是国家从税收层面鼓励企业到新三板挂牌，也鼓励社会资本参与新三板挂牌公司的投资。

一些公司账面累积了巨额的财富，但由于 20% 的股息红利税，导致这些公司被迫选择不分红或少分红，将财富留在账面并逐年滚动，且越滚越大，导致选择分红不是，选择不分红亦不是，进退维谷。例如，若某公司账面有2000万元未分配利润，全部分红的话，股东要缴纳400万元个税，到手只剩下1600万元，而该公司在新三板挂牌后，股东最低只需缴纳100万元个税，节省300万元税金。这意味着企业只要挂牌新三板，20%的股息红利税这一问题将迎刃而解。此外，对于投资人而言，上述差别化个税政策，使新三板挂牌公司的投资价值相应得到提升，而在新三板挂牌显然比在沪深交易所上市容易很多。综上所述，该项政策使相当一部分公司为享受分红政策而选择挂牌新三板，而这些企业往往规模比较大，盈利能力强，这将对新三板的发展起到积极而深远的影响。

10 上市公司能否收购新三板公司?

上市公司能够收购新三板公司。2014年以来，并购重组成为A股市场的主旋律，并有越来越多的上市公司将目光投向了新三板市场。主板上市公司收购新三板公司的案例越来越多。一方面，由于缺乏行业积累和相关核心人才，上市公司进入新的行业或领域需要付出巨大的成本，且不确定性太大，并购已成为上市公司切入新兴行业的最佳选择；另一方面，在当前数百家企业排队 IPO，上市公司收购也为新三板企业加速上市进度提供另一条通道。

11 新三板挂牌公司现阶段有没有分红？

现阶段确实有部分新三板挂牌公司在实施分红，而且有能力有计划做到长期稳定分红。

对于投资者而言，长期、稳定的分红可以使投资者对上市公司形成持续稳定分红的预期，对于新三板市场引进长期资金更是意义匪浅。投资者可以用现金分红买入更多的股票，或者通过股票分红获取更多的股票，这样循环操作，在投资一段时间后，投资者不仅拥有了更多的分红股票，而且拥有了用分红投资股票带来的增值，实现了投资复利式增长。

在沪深股市三十年的发展旅程中，一直都存在着上市公司不分红的问题，影响了投资者对股票的长期投资信心，很不利于资本市场的稳定健康发展。2013 年至 2014 年上市公司现金分红占净利润的比例仅为 36%，而国际成熟市场该比例通常在 40% 至 50% 之间。相比主板分红的“小气”，新三板的现金分红可谓显得非常“豪华”。

2014 年 11 月 5 日，新三板上市公司英极股份（430441）公布 2013 年分红计划：10 派 51.6 元扣税后派 49.02 元。目前其股价为 13.95 元，扣税后分红额除以股价得出的股息率高达 35.14%，高于 A 股历史上任何股票的年股息率。

我们判断，新三板分红慷慨的主要原因有两点：

第一，公司股权集中程度较高，高现金分红使得内部股东都能享受到企业发展的利好；

第二，新三板公司大多处于企业快速发展期，具备高分红利率的基础。

12 投资新三板企业应关注哪些基本要素？

新三板企业的投资，要求投资人具备一定的专业分析能力，对公司的价值有所判断。我们在分析中主要关注三类问题：（1）行业国内外发展状况、主要竞争对手情况、主要渠道、上下游情况；（2）业务规划，与业务规划适应的融资计划，未来 3 年营业收入和盈利预测；（3）公司的团队与人才情况，创业者的产业情况，主要骨干的股权激励安排。

以上三个关键问题，往往是建立在一些基础要素的基础之上的。下表列示一些基本要素。

表 6　　投资新三板企业基本要素

企业概况	企业的成立时间？注册地点？企业的结构（母公司、子公司、分公司情况）？
	大股东（实际控制人）情况？历史沿革及股东、实际控制人变化情况？
	企业从事什么行业？主要产品或服务是什么？
	是否属于高新技术企业？目前享有哪些政策优惠？
企业的主营业务及产品或服务的市场	企业各主要产品的利润贡献情况（占营业收入的比例，占利润的比例）？
	企业对各主要产品或服务市场前景的预判？
	企业各主要产品或服务的市场占有情况？各产品或服务的主要竞争对手是什么？
	主要产品或服务在市场中的竞争优势？有无准入门槛？
企业的主要客户情况	目前企业的主要客户有哪些？
	前五大客户占营业收入的比例？第一大客户占营业收入的比例？
	企业的主要供应商有哪些？
	企业前五大供应商点采购的比例？第一大供应商占采购的比例？
	代工厂的情况？（如有）

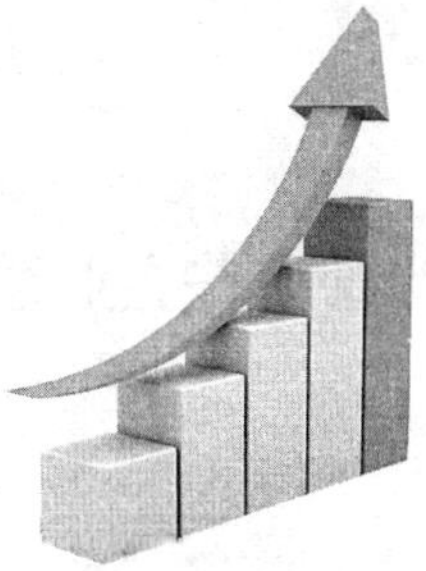

第四篇

企业如何挂牌新三板？

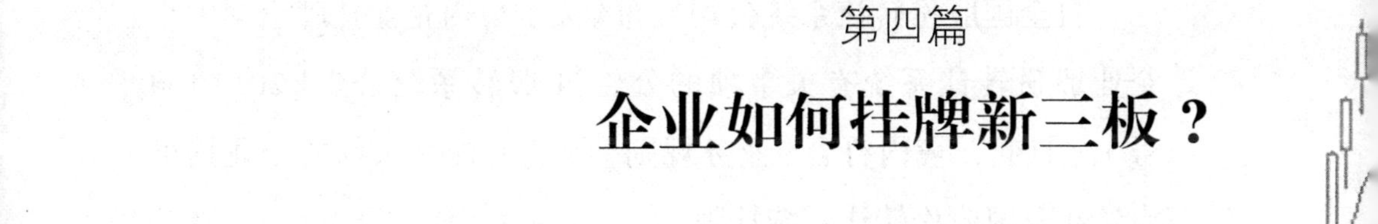

1 当前哪些企业适合挂牌新三板？

自全国股份转让系统公司发布《关于境内企业挂牌全国中小企业股份转让系统有关事项的公告》（股转系统公告〔2013〕54号）之日起，境内符合《业务规则》规定的挂牌条件的企业均可申请在全国股份转让系统挂牌。

虽然新三板的准入门槛很低，但低门槛不意味着所有的公司都适合在新三板挂牌。打个比方，在国外某些学校，申请攻读博士学位的门槛并不高，但最终获得博士学位的要求非常高。新三板欢迎所有对未来有抱负的企业挂牌，但最终能不能得到市场的认可还得靠企业本身的表现，表现平庸的企业将难以避免地被市场边缘化。从目前新三板市场的特点看，除满足新三板挂牌的最基本要求外，以下六类企业适宜在新三板挂牌：

（1）技术含量高，处于初创期的企业

高科技企业在成长过程中往往伴随着高风险，很多诸如生物医药、互联网、信息技术等行业的企业，初创期是不赚钱的，没有资金支持往往就夭折了，这类企业通过挂牌新三板，能通过定向增资募集到扩产所需的资金，从而进一步打开公司的经营局面，实现盈利。如果条件较好的企业，还能通过新三板的公众平台，吸引更多创投资金的眼光，为后续发展打下坚实的根基。

（2）盈利却遭遇发展瓶颈的企业

企业经过初创期后，经历过三五年的发展，有相对稳定的市场地位，具备一定的盈利能力，面临良好的市场机遇，企业的发展诉求非常强烈。这种诉求一方面源自资金，一方面源自战略转型，而缺少银行贷款所需的抵押物和担保品成为企业高速发展道路上的“拦路虎”。

这类企业挂牌新三板市场后，一方面可以通过定向发行股票、私募债、优先股、可转债等融资手段募资实现规模化扩张，扩大市场份额，另一方面可以利用新三板挂牌为契机，规范企业内部运作，履行公众公司信息披露义务，让公司迈向新的成长阶段。

（3）未来2—3年有上市计划的企业

新三板是经国务院批准，依据证券法设立的全国性证券交易场所，和主板、创业板一样，同时接受证监会的监管。公司挂牌后，能提前规范公司的财务、业务、公司治理等问题，在充分披露信息的基础上，择机转板。另一方面，挂牌后公司成为公众公司，财务数据和经营状况更早披露在媒体和公众面前，有利于公司树立阳光、透明的公众公司形象，给未来成功上市赢取印象分。

（4）受政策限定暂时难以上市的企业

相对主板和创业板市场，新三板的包容性更大，对于一些发展较为稳定，也具有较强的盈利能力，但由于行业属性等原因，如担保公司、城商行、小贷公司、PE 管理机构等，受 IPO 政策限定暂时难以上市，但又希望借助资本市场的平台，需要提高产品品牌、影响力和知名度的企业，挂牌新三板可以谋求进一步发展的机会。

（5）寻求并购和被并购机会的企业

美国著名经济学家斯蒂格勒评价美国企业的成长路径时说："没有一个美国大公司不是通过某种程度、某种形式的兼并成长起来的，几乎没有一家公司主要是靠内部扩张成长起来的。"美国企业的成长历史，实际上也是并购的历史。随着国内经济的发展和产业升级转型，兼并收购和产业整合的新浪潮已经不可避免。企业除了迅速增强自身的市场竞争力外，还可以通过并购重组实现业务驱动的外延扩张或攀附上市公司实现曲线上市，而新三板公司经过挂牌辅导后，企业治理结构、财务规范程度都比普通企业要好，并购重组耗费成本低很多。

（6）尚未盈利的互联网企业

证监会主席肖刚在《清华金融评论》中撰文阐释"如何健全

多层次资本市场体系”时提到，改革创业板制度，适当降低财务标准的准入门槛，建立再融资机制。在创业板建立专门层次，允许尚未盈利但符合一定条件的互联网和科技创新企业在创业板发行上市。今年6月，证监会新闻发言人张晓军在新闻发布会上也表示，证监会研究在创业板建立单独层次，支持尚未盈利的互联网和高新技术企业在新三板挂牌一年后到创业板上市。由于A股估值总体比境外高，这对互联网企业来说是重大利好，更多互联网企业可以通过新三板挂牌在境内上市，获得较高的估值，而投资机构也多了个退出通道。

2 企业决定是否挂牌新三板需要考虑什么要素？

作为资本市场的一个部分，新三板为公司的资本运作提供一个备选的平台；新三板制度和市场情况的变化，也对公司资本运作的可能实施路径造成影响。对于新三板挂牌，有以下考虑要素：

（1）收益要素：估值

挂牌后的估值直接决定企业家挂牌前的创业过程获得了多少的收益，因此估值越高企业家将公司挂牌新三板的动力就越大。目前总体上新三板挂牌企业的估值水平超过上交所，也就是处于估值水平相对较低的大盘股之上，对企业家具备一定的吸引力，同时其中一些优秀企业估值不输创业板中的同类企业。新三板已经不是一个便宜的市场，而且随着投资者关注度的提高和更多的优质企业参与挂牌，新三板整体估值水平仍有较大的上升空间。

（2）收益要素：流动性

单看市盈率并不足以确定市场的定价能力，另一个重要的考虑要素是流动性。流动性好意味着不存在有价无市的状况，不会一买就暴涨，一卖就暴跌，或者干等交易对手出现。做市商制度的推行，已极大地提高了新三板的流动性，目前越来越多的挂牌公司股票采取做市转让的方式，做市转让成交额占总成交额的比重也在不断提升。下一步，新三板将引入竞价交易方式，有望更进一步地提升市场的流动性水平。

（3）收益要素：融资能力

在新三板挂牌本身并不直接为企业融资，因此，后续的融资机会对于企业而言非常重要。目前新三板的融资能力正在显著增强，越来越多的专业投资机构和产业资本积极参与新三板定增，各大银行愿意为新三板挂牌企业开辟信贷绿色通道，同时挂牌企业还具有发行债务融资工具的选择。

（4）成本要素：挂牌的金钱成本

新三板的挂牌成本非常低，一般券商、律师、会计师的所有费用在200万之内，各地政府出于增加当地上市或挂牌企业数量和开拓税源考虑，一般都出台了相关补贴政策，基本能覆盖挂牌的成本。以深圳为例，（深府办〔2009〕13 号）文件颁布了新三板补贴政策，改制和挂牌完成后补贴 180 万元。

（5）成本要素：挂牌的时间成本

相比 IPO 漫长的排队时间和随时关闭窗口的政策风险，新三板的挂牌可预期性强，时间短，一般申报 3—6 个月可完成挂牌。在时间成本上，新三板挂牌相比海外上市更有优势——从申报到挂牌（上市）的时间差不多，略有优势；而在挂牌前的准备阶段，不需要搭建红筹架构，也不需要针对海外上市规则进行规范，工作量少一大截，节省了很多时间。

（6）成本要素：维持费用

选择某一个板块上市（挂牌），除了上市（挂牌）前的费用，上市（挂牌）后的维持费用也是需要加以考虑的，否则可能没有成功融资，反而每年需要支付不菲维持成本。这种情况在海外上市中十分普遍，比如在美国上市，每年的审计费（一般要求四大会计师事务所）、律师签字费（中国、美国、离岸律师共 5 家）、交易所年费合计起来一般达几百万，即使在美国三板 OTCBB 挂牌，每年维持费用据闻至少在 200 万以上。

相比海外上市，国内的上市维持费用很低，而新三板尤低，只有年度审计费用（低于主板、创业板，挂牌审计才 10 万左右）、信息披露费（1 万左右）、券商监督费用（2 万左右）、挂牌年费（5 万以下）。在维持成本方面，新三板优势非常明显。

（7）门槛

新三板上市除了规范运作和完善信息披露，几乎没有门槛。

（8）机会：转板的现状和预期

目前新三板挂牌企业转板均通过申请 IPO 来实现，和未挂牌企业申请 IPO 没有实质区别。已经转板的企业如安控股份（300370），均经历了完整的 IPO 申请流程。展望未来，新三板挂牌企业有希望在达到上市条件的情况下，直接转为在主板、创业板上市。

3 企业挂牌新三板需要哪些条件？

只有股份有限公司才可以在全国股份转让系统挂牌公开转让股票。有限责任公司需要改制为股份有限公司以后才可以挂牌。

有限责任公司是指按照《公司法》的规定，由 50 个以下股东共同出资设立的、股东以其出资额为限承担有限责任的公司法人，具有人合兼资合、封闭及设立程序简单的特点。股份有限公司是指由两个以上、200 个以下股东共同出资设立的，股东以其认购的股份对公司承担责任，公司以其全部资产对公司的债务承担责任的公司法人，具有资合、开放性及设立程序相对复杂的特点。

《国务院关于全国中小企业股份转让系统有关问题的决定》（国发〔2013〕49号，以下简称《国务院决定》）指出："境内符合条件的股份公司均可通过主办券商申请在全国股份转让系统挂牌"。根据《全国中小企业股份转让系统业务规则（试行）》（以下简称《业务规则》）第2.1条规定，股份公司只要符合下列条件即可申请挂牌：

（一）依法设立且存续满两年。有限责任公司按原账面净资产值折股整体变更为股份有限公司，存续时间可以从有限责任公司成立之日起计算；

（二）业务明确，具有持续经营能力；

（三）公司治理机制健全，合法规范经营；

（四）股权明晰，股票发行和转让行为合法合规；

（五）主办券商推荐并持续督导；

（六）全国股份转让系统公司要求的其他条件。

相关内容详见《业务规则》第二章关于股票挂牌的相关规定。

4 财务指标好就一定能挂牌吗？

财务指标好并不是能否挂牌的标准。相反，新三板挂牌对财务指标没有硬性要求。一些过往财务指标很好，但缺乏明确商业模式的项目或企业，反而不能挂牌新三板。这种情况主要由两种，一是纯粹的静态项目，没有扩张的空间，也没有创新的空间；二是项目本身为关联企业的一个商业环节，并不具备独立性。

静态项目的情况，多见于各地在政府支持下上马的化工项目，项目因特定的供需链条而生，项目回收期也较快，但扩张前景并不明朗。

项目受制于关联方不能独立的情况，更为常见。现举一实例如下：

日本某会社目前是全球唯一的大批量生产非晶合金带材的企业。2011 年 9 月 30 日前，公司关联企业 (2009 年和 2010 年为公司的母公司，2011 年股权转让后不再持有公司股权，属与公司在同一实际控制人下的关联方) 是日本会社在中国境内非晶带材的独家代理商。公司的主要原材料非晶合金带材全部来源于其关联企业，公司原材料来源较为单一，存在对主要原材料供应商的依赖的风险。2008 年 2 月 21 日，公司关联企业与日本会社签订非晶带材供货协议，期限至 2011 年 9 月 30 日。目前，供货协议已到期。经证券商了解，由于中国市场发生变化，国内某上市公司正在研发自行生产非晶带材，日本会社一直未与公司关联企业重新签订供货协议，双方正在协商过程中，将来签订协议的期限有可能会缩短。公司向关联企业的采购金额较大，2009 年，2010 年和 2011 年 1—4 月向关联企业的采购额占年度采购总额的比例分别为 98%，89% 和 97%，可以说，公司主要

依靠关联企业取得非晶带材。（来源：网络，作者 CAU）

在该案例中，呈现出典型的项目经营受制于关联方，无法形成独立商业模式和持续经营能力的格局。一旦关联企业无法提供非晶带材，该公司的生产经营将受到重大影响，关联企业的库存非晶带材情况不详，在与日本会社重新签订协议前能否再向公司提供非晶带材也不确定。上述问题直接影响公司正常生产经营，进而影响公司持续经营能力。对于这类型公司，应，解决原材料供应的独立性文帝，从而实现商业模式和持续经营能力的独立性和稳定性。

5 企业如何申请到全国股份转让系统挂牌公开转让？

新三板实行主办券商推荐并持续督导制度。企业应与具有推荐业务资格的券商签订《推荐挂牌并持续督导协议》；由主办券商对企业进行初步尽职调查，确认企业是否符合挂牌准入条件以及是否愿意推荐；在此基础上，由主办券商联合律师、会计师等中介机构协助企业完成股改（若需）、进行全面尽职调查并制作申请文件，履行各自内核程序后申报材料。

根据《非上市公众公司监督管理办法》（证监会第 96 号令）及相关指引，申请时股东人数未超过 200 人（含 200 人）的股份公司，直接向全国股份转让系统公司报送材料，证监会豁免核准；申请时股东人数超过 200 人的股份公司，需向中国证监会报送材料，取得核准文件后，向全国股份转让系统公司申请办理挂牌手续。

6 国有企业或者外资企业是否可以申请挂牌？

国有企业或外资企业，因其股东背景的特殊性而备受关注。但这一特殊性仅体现在有关主管部门的管理上，在新三板挂牌方面并无障碍。

根据《国务院决定》及《业务规则》相关规定，符合条件的境内股份公司包括民营企业、国有企业和外资企业均可申请挂牌，对国有或外资持股比例、股东背景也无特殊要求。

如申请挂牌的股份公司存在国有股东或外资股东，申请挂牌材料除常规材料以外，需增加“国有资产管理部门出具的国有股权设置批复文件或商务主管部门出具的外资股确认文件”。

7 上市公司子公司是否可以申请挂牌？

上市公司可以将其主营业务以外的其他业务挂牌新三板。

上市公司运作子公司在新三板挂牌，主要是出于几方面的考虑:（1）有利于进一步完善其法人治理结构，促进企业规范发展;（2）有利于子公司直接对接资本市场，拓展新的融资渠道，提高品牌影响力;（3）在新三板挂牌后，提高了其股权流动性，并形成有效股份退出机制，有利于引进战略投资者，有利于增加这些A股上市公司的资产流动性。

披露子公司业务挂牌新三板的上市公司越来越多。举例来说，2014年12月至2015年3月期间，披露的上市公司有：浙江永强、南方汇通、鲁信创投、辽宁成大、华邦颖泰、胜利精密、东方电子、天马精化、云天化、利欧股份、旭光股份、天奇股份、恒大高新、东山精密、中航资本等。

8 申请挂牌公司首次信息披露包含哪些文件?

申请挂牌公司应在全国股份转让系统指定信息披露平台

（www.neeq.com.cn 或 www.neeq.cc）披露相关文件，其中首次信息披露文件包括：

（1）公开转让说明书；

（2）财务报表及审计报告；

（3）补充审计期间的财务报表及审计报告（如有）；

（4）法律意见书；

（5）补充法律意见书（如有）；

（6）公司章程；

（7）主办券商推荐报告；

（8）定向发行情况报告书（如有）；

（9）全国股份转让系统公司同意挂牌的函；

（10）中国证监会核准文件（如有）；

（11）其他公告文件。

9 企业挂牌新三板的具体业务流程是什么？

图 2　新三板挂牌基本流程

（1）聘请中介机构

企业需要聘请中介机构辅助其挂牌新三板并签订推荐挂牌协议。主要有：主办券商、会计师事务所、律师事务所等。

（2）股改

股转系统要求挂牌企业必须为股份制公司。有限责任公司必须改制为股份制公司才可以挂牌新三板。股改方式有两种：一是原有限责任公司作为主发起人发起设立股份有限公司，二是限责任公司净资产折股整体变更为股份有限公司。由于挂牌新三板要求企业存续两年，因此，目前通常采取第二种股改方式。

（3）尽职调查

主办券商、会计师、律师三方中介机构分别与申请挂牌企业达成新三板挂牌的合作意向，签订《保密协议》及中介机构服务合同后，进场对公司财务状况、持续经营能力、公司治理、历史沿革、资产、业务资质以及其他重要问题的合法合规事项进行尽职调查。

（4）中介机构制作申请文件

为企业在新三板挂牌，主办券商须制作公开转让说明书、主办券商推荐报告，公司会计师须制作审计报告，公司律师须制作法律意见书等申请文件。这些申请文件系公司申请在新三板挂牌的必备文件，通常制作时间在2个月左右。

（5）券商内核

三方中介机构制作完成股票挂牌申请文件初稿后：律师出

具《法律意见书》（内核稿），会计师出具《审计报告》（内核稿），主办券商在律师、会计师工作的基础上制作《公开转让说明书》（内核稿）、《尽职调查报告》（内核稿）及《尽职调查工作底稿》（内核稿）等全套挂牌申请文件。券商项目小组将公司股票挂牌申请文件（内核稿）递交主办券商内核会议审核。内核会议召开后，项目小组根据内核会议反馈意见进行补充调查与说明，并将“对内核会议反馈意见的回复”提交内核专员审核，内核专员审核通过后，出具补充审核意见，同意推荐拟申请挂牌公司进入全国中小企业股份转让系统挂牌。

（6）全国中小企业股份转让系统公司审查及证监会核准

主办券商项目小组向全国中小企业股份转让系统公司递交股票挂牌申请文件。全国中小企业股份转让系统公司对股票挂牌申请文件进行反馈，项目小组对反馈意见进行回复和解答，直至全套挂牌申请文件最终封卷归档，全国中小企业股份转让系统公司出具“同意挂牌的审查意见”。

全套挂牌申请文件封卷归档之后，根据《国务院关于全国中小企业股份转让系统有关问题的决定》的规定，股东人数未超过200人的挂牌公司申请在全国股份转让系统挂牌，证监会豁免核准。股东人数超过200人的挂牌公司，主办券商项目小组需向中国证监会递交企业股票挂牌申请文件（单行本），由中国证监会审查通过后出具核准文件。

（7）信息披露及股份初始登记

完成上述审批程序之后，挂牌公司向全国中小企业股份转让系统公司申请公司证券简称及证券代码，与深圳证券信息公司联系在指定的公开网站上披露相关文件，主要包括公开转让说明书、公司章程、法律意见书、审计报告、推荐报告等。

（8）挂牌

在完成股份的初始登记后，公司、主办券商与全国中小企业股份转让系统公司联系确定挂牌日期，完成股份挂牌工作。

公司在“新三板”挂牌后，应按照规定披露年度报告、半年度报告和临时报告。主办券商对所推荐的公司信息披露负有持续督导的职责。

10 企业挂牌一般需要多长时间?

一般情况下，企业需要6—7个月的时间才能完成从聘请中介机构到挂牌成功的所有事项。但是，根据各项工作完成的进度情况来看，可能会稍有差异。

表7　　企业挂牌新三板各阶段所需时间

事项	时长
公司改制、尽职调查及制作申请材料	2—3个月

续表

事项	时长
证券内核	约1个月
全国股转系统公司审查并答复反馈意见	2—3个月
股份登记	1周
挂牌	1个工作日
总时长	6—7个月

11 申请挂牌是否必须以季度报表、半年度报表或者年度报表作为最近一期?

不需要。事实上，为了避免企业集中申报，股转系统不强制要求最近一期财务报表必须是季度、半年度或者年度报表，可以使用任意月度报表，但需注意的是最近一期审计截止日不得早于改制基准日。财务报表有效期为最近一期审计截止日后6个月内，特殊情况下可申请延长至多不超过1个月；特殊情况主要是指企业办理信息披露、股份登记等挂牌手续事宜。

12 申请挂牌公司是否要设独立董事？

不做强制要求。现行法律法规及股转系统为就挂牌公司设立独立董事做任何强制性要求，挂牌公司可以就自身的实际情况选择是否设立。但是独立董事是现代公司治理结构中重要的组成部分，从完善公司治理和长期发展的角度，建议挂牌企业适时设立独立董事，良好的公司治理结构本身更有利于公司的稳定运营，同时更容易得到资本市场的认可，为公司的长期发展打下必要的基础。

13 挂牌前的股权质押贷款是否对企业申请挂牌构成影响？

挂牌前的股权质押贷款对企业申请挂牌是否构成影响要分以下情况考虑。

（1）《全国中小企业股份转让系统股票挂牌条件适用基本标准指引（试行）》中规定，申请挂牌公司股权应结构明晰，权属分明，真实确定，合法合规，股东特别是控股股东、实际控制人及其关联股东或实际支配的股东持有公司股份无权属争议或潜在纠纷。挂牌前，申请挂牌公司的股东可为公司贷款提供股权质押担保，贷款用途为公司日常经营。股权质押情形申请挂牌公司应在《公开转让说明书》中充分披露，只要不存在股权纠纷和其他争议，原则上不影响其挂牌。

（2）《中国结算北京分公司证券发行人业务指南》规定，质押冻结或司法冻结的股份办理股份初始登记时，除需提供常规申报材料外，还须提供质押冻结或司法冻结的相关材料。其中，司法冻结的应提供协助执行通知书、裁定书、已冻结证明等材料及复印件；质押冻结的应提供质押登记申请书、双方签字的已生效的《质押合同》、质押双方有效身份证明文件、已冻结证明等材料及复印件。申请挂牌公司应先完成股份初始登记（包括股份首批解除限售），取得《股份登记确认书》后，再申请办理质押冻结、司法冻结手续。

（3）质押冻结股份的限售及解除限售应按照《公司法》及《全国中小企业股份转让系统业务规则（试行）》中的规定办理。满足解除限售条件的质押冻结股份可办理股份解除限售。《中国结算北京分公司证券发行人业务指南》中规定，当解除限售涉及被冻结股份的，被冻结股份不可分拆，只能作为一个整体办理解除限售。

14 新三板挂牌前的股份转让如何注意合法合规?

股份转让的合法合规，核心问题是资产或股份作价的合理性。在实务中，往往存在公司资产贱卖给股东或第三方，而股东或第三方的资产高价卖给公司的情况。

案例

2013年6月，控股股东Y以2000元价格从公司购买三项专利(公司账面未计入无形资产，主导产品应用的核心技术)；2013年8月，Y以购买的三项专利技术向公司增资，三项专利技术评估价值为288万元，其中100万元作为注册资本，剩余部分记入资本公积，增资后注册资本从100万元增加到200万元。

该案例中，典型的问题就是资产作价违背常理。对于一项资产，短时间内出现两个迥异的价格，该事项存在两方面问题：一是公司将自有无形资产以2000元卖给公司股东，存在贱卖公司资产嫌疑，损害公司利益；二是公司在卖出无形资产2个月后，又接受股东以该部分无形资产增资，存在通过交易安排变相以自有无形资产高评增资的嫌疑，影响到股东是否足额出资。

在该案例中，这笔不合理交易应予以改正。股东Y应与公司补充协议，约定转让价格为 288 万元，Y 需要向公司支付专利转让价款 288 万元。

15 国有企业或者外资企业是否可以在新三板挂牌?

国有企业或者外资企业可以在新三板挂牌。

《全国中小企业股份转让系统业务规则（试行）》指出，股份有限公司申请股票在全国股份转让系统（新三板）挂牌，不受股东所有制性质的限制，符合条件的境内股份公司包括民营企业、国有企业和外资企业均可申请挂牌。

如申请挂牌的股份公司是国有企业或存在外资股东，申请挂牌材料除常规材料以外，还需增加国有资产管理部门出具的国有股权设置批复文件或商务主管部门出具的外资股确认文件。

16 新三板挂牌对公司规范性有何要求?

治理结构不健全，运作不规范的公司，是不能挂牌新三板的。治理结构，是保障公司股东利益的基本形式。如果治理结构不健全，运作不规范，则会在经营中损害股东利益。在实务中，多表现为控股股东对公司的资金占用，对经营过程的随意干预等。

案例

××公司控股股东Y先生提供了一批设备给公司无偿使用，同时其欠公司款项756,850元。2013年4月，Y先生以此批固定资产抵偿债务，此批资产经过某资产评估有限公司评估为756,850元。但Y先生并无此批资产的所有权证明。Y先生承诺如因此批资产所有权产生纠纷，相关责任由其承担。此批固定资产金额占总资产金额的比重较小约1%，但占固定资产2013年末余额达到比重为89.36%。

该案例中，Y先生用于抵偿债务的固定资产无所有权，因此，抵偿债务的行为存在法律问题，此相关会计处理不能成立。要求股东Y先生采取措施，偿还债务，处理相关固定资产。这类情况存在于很多不规范的企业，在企业治理中则主要表现为监事行为主体的缺失。

17 挂牌企业是否能进行股权激励?

可以进行股权激励，通常是通过向公司员工定向发行股票进行股权激励。

挂牌公司的董事、监事、高级管理人员和核心员工可以参与认购本公司定向发行的股票，也可以转让所持有的本公司股票。挂牌公司向特定对象发行股票，股东人数累计可以超过 200 人，但每次定向发行除公司股东之外的其他投资者合计不得超过 35 人。

特别说明，按照全国股份转让系统业务规则，存在股权激励未行权完毕的公司，可以申请挂牌新三板。

18 申请挂牌新三板是否有行业限制?

申请挂牌新三板没有明确行业限制。

《国务院关于全国中小企业股份转让系统有关问题的决定》及《全国中小企业股份转让系统业务规则(试行)》等法律法规、规则均未对申请挂牌公司所属行业做明确限制，但《国务院决定》强调:“全国股份转让系统是经国务院批准，依据证券法设立的全国性证券交易场所，主要为创新型、创业型、成长型中小为企业发展服务。”因此，政府鼓励高新技术产业、现代服务产业、高端装备制造产业等创新强度高、成长空间大的战略性新兴产业及新兴业态企业申请挂牌，同时也欢迎传统行业企业的挂牌申请。

19 已在区域股权转让市场挂牌的公司如何申请在新三板挂牌?

直接申请即可！区域市场挂牌企业可以自由申请挂牌新三板。一般来说，已经挂牌区域股转市场的企业，都有较高的规范性，挂牌新三板应具有较好的基础。

《国务院决定》中明确指出，在符合《国务院关于清理整顿各类交易场所切实防范金融风险的决定》(国发〔2011〕38号)要求的区域性股权转让市场进行股权非公开转让的公司，符合挂牌条件的，可以申请在全国股份转让系统挂牌公开转让股份。

但是目前两者之间没有直接的对接和转板机制。实践中，在区域市场挂牌的企业想转到全国股转系统(新三板)挂牌需同普通股份公司一样，按照全国股转系统公司规定申请挂牌。

对于在已通过国务院清理整顿各类交易场所部际联席会议检查验收的区域性股权转让市场挂牌的公司，申请在全国股份转让系统（新三板）挂牌前须暂停其股份转让（或摘牌）；取得全国股份转让系统（新三板）公司出具的同意挂牌的函后，必须在办理股份初始登记前完成在区域性股权市场的摘牌手续。

对于在《国务院决定》发布之前，已在尚未通过国务院清理整顿各类交易场所部际联席会议检查验收的区域性股权转让市场挂牌的公司，须在申请挂牌前完成摘牌手续，由主办券商和律师核查其在区域性股权市场挂牌期间是否符合《国务院关于清理整顿各类交易场所切实防范金融风险的决定》的规定，并发布明确意见。

对于在《国务院决定》发布之后，在尚未通过国务院清理整顿各类交易场所部际联席会议检查验收的区域性股权转让市场挂牌的公司，全国股份转让系统（新三板）公司将在该区域性股权转让市场通过国务院清理整顿各类交易场所部际联席会议检查验收后受理其挂牌公开转让的申请。

20 改制未满两年的公司能否挂牌?

根据新三板挂牌的规则，公司挂牌需存续两年。对于改制之后的时间，则要区别对待。如果股改时有限责任公司是按评估值折股改制为股份有限公司，则存续期间自股份有份公司完成工商变更之日起计算，故视同股份公司新设，则根据股改时间看企业是否满两年。如果按审计值折股，则自该有限公司设立之日起计算。

案例

××有限公司成立于2009年3月1日。2012年10月5日，××有限公司股东会决议，以经评估确认的2012年9月30日净资产折股变更为××股份有限公司。根据会计师事务所出具的《资产评估报告书》，截至2012年9月30日有限公司经评估的净资产值为53,925,820.22元，折合成股份公司53,925,000股，剩余820.61元记入资本公积。

在该案例中，由于采用了经评估的净资产，而不是按照审计值计算，故不能从2009年3月1日起计算存续期，应按照2012年10月5日计算新的股份公司存续期。

21 如何将有限责任公司整体变更为股份有限公司（改制）？

一般的有限责任公司或国有企业整体变更为股份有限公司，可进行以下程序操作：

第一步：有限公司召开股东会通过改制意见并成立改制机构，国有企业需上级主管部门批准改制并成立改制筹备小组；

第二步：选择发起人。全体股东作为发起人，签订发起人协议；

第三步：聘请中介机构。对于以挂牌新三板为直接目的而进行股份制改造的公司，应聘请取得中国证券协会授予代办系统主办券商业务资格的证券公司作为主办券商、会计师事务所、资产评估机构提供相关服务，公司与这些中介机构分别签订服务协议，明确各自的权利与义务；

第四步：审计和资产评估。由注册会计师对公司财务状况出具审计报告，有注册资产评估师对公司非货币资产出具资产评估报告；

第五步：国有资产评估的核准与备案（若涉及国有资产评估）。股份制改造过程中涉及国有产权变动和国有资产评估的，应按照《国务院办公厅转发财政部关于改革国有资产评估行政管理方式加强资产评估监督工作意见的通知》(国发办〔2001〕102号)的精神执行：

经各级政府批准的涉及国有资产产权变动、对外投资等经济行为的重大经济项目，其国有资产评估实现核准制。凡由国务院批准实施的重大经济项目，其评估报告由财政部进行核准；凡由省级人民政府批准实施的重大经济项目，其评估报告由省级财政部门进行核准。

对其他国有资产评估项目实行备案制。除核准项目以外，中央管理的国有资产，其资产评估项目实行备案制。地方管理的国有资产评估项目的备案工作，比照上述原则执行；

第六步：制作改制文件。制作《股份有限公司章程(草案)》、《股东大会议事规则(草案)》、《董事会议事规则(草案)》、《监事会议事规则(草案)》等文件，待创立大会通过；

第七步：办理国有股权管理审核批复事宜(若涉及国有股权)。根据财政部《关于股份有限公司国有股权管理工作有关问题的通知》(财管字〔2000〕200号)的要求，办理国有权股管理审核批复事宜需报送相关材料；

第八步：注资和验资。原有限责任公司将所持股权注入股份有限公司，并由验资机构出具验资证明；

第九步：召开创立大会。发起人应当自股款缴足之日起三十日内主持召开公司创立大会；

第十步：办理工商登记或变更手续。董事会应于创立大会结束后三十日内，向公司登记机关报送相关文件申请变更登记。

22 公司改制有何成本？

公司股份改制成本主要来自于三方面：

（1）规范成本

企业规范成本主要包括：建立健全公司治理机制，完善内部控制，维持其正常运行的成本，如董事会、监事会和股东大会的运行成本；规范历史经营中遗留问题的支出，如补缴出资、补缴欠税、不合规问题纠正及风险化解支出等。

（2）重组成本

企业重组成本主要包括：为更有利于企业未来发展和资本运作，进行业务调整，资产置换、剥离、处置，股权调整，股权激励等操作所支出的税费。

（3）中介机构费用

中介机构费用主要包括：证券公司财务顾问费、会计师事务所审计费用、律师费、资产评估费（如需）等。

目前，很多地方政府出台了鼓励企业股份制改造及挂牌的补贴政策，可以覆盖部分改制成本。

23 与股东方存在同业竞争能否挂牌新三板？

当公司业务与股东方存在同业竞争，一般来说应该在解决同业竞争问题后挂牌新三板。如果当前实际经营中同业竞争问题可控，并且能够给出可行的解决方案和时间表的，可以给出明确承诺后挂牌新三板。这里的关键是，不仅要目前可控，切承诺的解决方案要在本质上解决问题，而非流于形式。

案例：Y 公司所属行业为广播电影电视业，Y 公司目前主营业务为制作并发行电视剧作品；股东 2 名，各持股 50%，分别为 A 公司和 B 公司，其中 B 公司经营范围为电视剧制作、摄制电影（单片）、影视策划、影视咨询等，并投资其他多家影视制作公司。Y 公司与 B 公司合作拍摄多部电视剧，前期通过 B 公司申请发行许可证等。B 公司承诺“本公司作为 Y 公司股东，主要从事电影、电视剧的制作和发行业务，与 Y 公司合作了多部电视剧，形成了良好的合作关系。由于本公司与 Y 公司同属于从事电影电视制作发行的公司，为了有效避免竞争，本公司承诺对于 Y 公司与本公司都有意向投资的题材和剧本，在不共同投资的情况下，则约定错开制作期间和发行期间，以避免直接竞争”。

从以上 B 公司的承诺来看，在形式上是“试图解决同业竞争问题”，但并无实际消除措施。没有对两者之间的经营范围、同业竞争格局和未来定位给出清晰的有约束力的可靠的执行方案。对同类业务，应该对未来承诺可行的“关停并转”方案。对于确实能够区分的细分市场，要给出充分的论证和可执行的方案。

24 改制对公司有何实际意义？

（1）确定公司的独立法人财产权，有效地实现出资者所有权与公司法人财产权的分离。

（2）建立规范的公司治理结构。

（3）根据《公司法》建立股东大会、董事会、监事会、经理层分权与制衡为特征的公司治理结构，塑造真正的市场竞争主体，以适应市场经济发展的需要。

（4）建立有效的公司管理结构、内部控制制度、竞争激励机制，促进公司的发展。

（5）梳理与规范企业历史瑕疵问题，消除风险隐患，按照挂牌上市要求，夯实企业进入证券市场的基础。

（6）合法合规地将企业的类型变更为股份制公司。

25 上市公司为什么要分拆子公司挂牌新三板?

上市公司的子公司，如业务不是上市公司主营业务的，可以分拆挂牌新三板。一般认为，上市公司分拆子公司挂牌主要目的有如下几点：

（1）能规范和提升子公司治理水平；

（2）有利于子公司的企业品牌，促进市场开拓，扩大企业宣传。

（3）新三板融资便捷，挂牌后的子公司能够抓住更多融资机会，从而可以有效调整上市公司本身资产结构及财务情况。

（4）挂牌企业独立成为公众公司之后，有利于新主体的发展。如果能够实现转板或独立上市，则能够朝着一个新的上市公司方向发展。

（5）新三板公司的股权有一定的流动性，方便上市公司出售子公司股权实现投资收益，也可以借此调整上市公司整体战略和业务结构。

（6）挂牌成为公众公司的子公司，股权价值具有更好的抵押价值。上市公司可以利用挂牌子公司的股权作为融资担保。

避免关联交易和同业竞争，是上市公司分拆子公司的关键前提，也是监管部门关注的重点。同时，上市公司也不得把主营业务分拆上市，目前暂时未见到在上市公司经营中占有重要份额的子公司分拆上市。

26 股东人数超过 200 人的公司是否可以申请在新三板挂牌？

股东人数超过 200 人的公司可以申请挂牌新三板。

例如 2014 年 3 月 28 日，江苏省铁路发展股份有限公司在新三板挂牌，成为首家登陆新三板时股东人数超过 200 人的挂牌公司。公开资料显示，截至 2013 年 9 月 30 日，该公司有法人股股东 21 人，持股比例 78.45%，社会公众股股东 11491 人，持股比例 21.55%；股东人数合计 11512 人，总股本约 1.47 亿股。

根据国务院决定，新三板是全国性证券交易场所，与区域股权市场的主要区别在于挂牌公司股东人数能超过 200 人；而区域股权市场应严格执行挂牌公司股东不能超过 200 人（非公开），其股票不能拆细交易（非标准）、不能连续交易（非连续）的要求。

事实上，在 2013 年 12 月《业务规则》改版之前，新三板对于企业挂牌一直有着股东人数不能超过 200 人的限制。新的《业务规则》第 1.10 条规定："《非上市公众公司监督管理办法》实施前股东人数为二百人以上的股份有限公司，依照有关法律、行政法规、部门规章进行规范并经中国证监会确认后，符合本业务规则条件的，可以向全国股份转让系统申请挂牌。”因此，股东人数超过 200 人的股份公司申请在全国股份转让系统（新三板）挂牌前，应当按照中国证监会的有关规定进行确认。

为了规范股东人数超过 200 人的未上市股份有限公司申请公开发行并在证券交易所上市、在全国中小企业股份转让系统挂牌公开转让等行政许可事项，中国证监会于 2013 年 12 月 27 日公布《非上市公众公司监管指引第 4 号——股东人数超过 200 人的未上市股份有限公司申请行政许可有关问题的审核指引》（以下简称《200 人公司审核指引》）。

27 股东人数超过 200 人的公司申请在新三板挂牌有何合规性要求?

股东超过 200 人的公司，要考察其历史的合法存续，股权是否清晰。

（1）公司依法设立且合法存续

200 人公司的设立、增资等行为不违反当时法律明确的禁止性规定，目前处于合法存续状态。城市商业银行、农村商业银行等银行业股份公司应当符合《关于规范金融企业内部职工持股的通知》(财金〔2010〕97号)。

200人公司的设立、历次增资依法需要批准的，应当经过有权部门的批准。存在不规范情形的，应当经过规范整改，并经当地省级人民政府确认。

200人公司在股份形成及转让过程中不存在虚假陈述、出资不实、股权管理混乱等情形，不存在重大诉讼、纠纷以及重大风险隐患。

(2)股权清晰

200人公司的股权清晰，是指股权形成真实、有效，权属清晰及股权结构清晰。具体要求包括：

①股权权属明确。200人公司应当设置股东名册并进行有序管理，股东、公司及相关方对股份归属、股份数量及持股比例无异议。股权结构中存在工会或职工持股会代持、委托持股、信托持股以及通过“持股平台”间接持股等情形的，应当按照《200人公司审核指引》的相关规定进行规范。

②股东与公司之间、股东之间、股东与第三方之间不存在重大股份权属争议、纠纷或潜在纠纷。

③股东出资行为真实，不存在重大法律瑕疵，或者相关行为已经得到有效规范，不存在风险隐患。

申请行政许可的200人公司应当对股份进行确权，通过公证、律师见证等方式明确股份的权属。申请公开发行并在证券交易所上市的，经过确权的股份数量应当达到股份总数的90%以上（含90%）；申请在全国股份转让系统（新三板）挂牌公开转让的，经过确权的股份数量应当达到股份总数的80%以上（含80%）。未确权的部分应当设立股份托管账户，专户管理，并明确披露有关责任的承担主体。

（3）经营规范

200人公司持续规范经营，不存在资不抵债或者明显缺乏清偿能力等破产风险的情形。

（4）公司治理与信息披露制度健全

200人公司按照中国证监会的相关规定，已经建立健全了公司治理机制和履行信息披露义务的各项制度。

28 企业股份制改造和进入“新三板”市场需要哪些中介机构?

企业申请进入“新三板”挂牌，需要聘请主办券商、会计师事务所、律师事务所、其他证券服务机构及其相关人员，并签订推荐挂牌协议。

在股份制改造阶段，主办券商主要负责改制总体方案设计，牵头与会计师事务所、律师事务所一起对有限责任公司进行全方位尽职调查。会计师事务所必须对有限责任公司改制基准日的财务状况进行全面审计，并把资产净额折合为股份有限公司的股本。律师事务所协助企业编制发起人协议、公司章程等相关法律文件，并协助企业完善各种制度，指导企业完成董事、监事、高级管理人的选举等。

在推荐挂牌阶段，主办券商对企业进行全面尽职调查、履行内核程序，关注企业是否能够满足挂牌条件，一方面协助企业规范运营。会计师事务所需要出具两年一期的审计报告，并履行对系统公司反馈意见的回答义务

挂牌之后，主办券商还将履行对挂牌公司的持续督导义务，并且协助公司进行融资、收购等事宜。会计师事务所需要审计挂牌公司披露的年度财务报告。

29 挂牌及挂牌后的费用成本包括哪些?

新三板挂牌服务费主要包括券商、律师事务所、会计师事务所等中介费用，以及股转系统的挂牌初费和信息披露费用。不同拟挂牌新三板企业的服务费不同，主要是因各个企业的资质不同、业务复杂程度不同而制定的。部分地方政府对企业挂牌新三板还有专项资助。

这里主要介绍股转系统收费情况。申请挂牌公司应当在挂牌日前缴纳按照挂牌首日总股本计算的挂牌初费，同时缴纳挂牌当年的挂牌年费。挂牌年费按照挂牌首日的总股本和实际挂牌月份（自挂牌日的次月起计算）予以折算，即：挂牌当年年费 = 挂牌日总股本对应的年费标准。

表 8　　挂牌初费及挂牌年费明细表

收费项目	总股本	收费标准
挂牌初费	2000 万股（含）以下	3 万元
	2000 万—5000 万股（含）	5 万元
	5000 万—1 亿股（含）	8 万元
	1 亿股以上	10 万元
挂牌年费	2000 万股（含）以下	2 万元 / 年
	2000 万—5000 万股（含）	3 万元 / 年
	5000 万—1 亿股（含）	4 万元 / 年
	1 亿股以上	5 万元 / 年

2015 年 4 月 1 日《关于暂免征收民族自治地区挂牌公司挂牌费用的公告》称，为加大全国中小企业股份转让系统支持民族自治地区企业发展的力度，减轻民族自治地区挂牌公司费用负担，经中国证监会批准，自 2015 年 1 月 1 日起，暂免征收注册在内蒙古、广西、西藏、宁夏和新疆 5 个民族自治地区的挂牌公司挂牌费用（包括挂牌初费和挂牌年费）。

30 新三板挂牌企业能否转板在主板或创业板上市？

新三板挂牌企业只要满足上市条件就可以向证券交易所申请上市。2013 年 12 月 14 日，国务院发布《关于全国中小企业股份转让系统有关问题的决定》明确提出建立转板机制。新三板挂牌企业只要符合《证券法》规定的股票上市条件，在股本总额、股权分散程度、公司规范经营、财务报告真实性等方面达到相应的要求，可以直接向证券交易所申请上市交易。2014 年 8 月 1 日，证监会公布十条措施落实 7 月 23 日的国务院常务会议，第三条指出“支持尚未盈利的互联网、高新企业在新三板挂牌一年后到创业板上市”。

根据股转系统业务规则，如挂牌公司向中国证监会申请公开发行股票并在证券交易所上市，或向其他证券交易所申请股票上市，挂牌公司应向全国股份转让系统公司申请暂停转让；如证监会核准挂牌公司公开发行股票并在证券交易所上市，或其他证券交易所同意挂牌公司股票上市，股转系统公司将终止其股票挂牌。

31 新三板挂牌公司如何向沪深交易所直接申请上市交易?

新三板挂牌公司由于其规范性得到了公众的检验，申请上市往往具有更强的优势。新三板挂牌公司可以直接申请到证券交易所上市，但上市的前提是挂牌公司必须符合《证券法》规定的股票上市条件，在股本总额、股权分散程度、公司规范经营、财务报告真实性等方面达到相应的要求。

全国股份转让系统坚持开放发展的市场化理念，充分尊重企业的自主选择权。企业可以根据自身发展的需要和条件，自主选择进入不同层次的资本市场。

根据股份转让系统业务规则，如挂牌公司向中国证监会申请公开发行股票并在证券交易所上市，或向其他证券交易所申请股票上市，挂牌公司应向全国股份转让系统公司申请暂停转让；如中国证监会核准挂牌公司公开发行股票并在证券交易所上市，或其他证券交易所同意挂牌公司股票上市，全国股份转让系统公司将终止其股票挂牌。上述规则已为挂牌企业转板做出了相应的程序安排。

自新三板运行以来，已经有多家挂牌公司顺利上市。

32 新三板对挂牌公司验资有何要求?

公司注册资本制度已经由实缴制改为认缴制。新三板拟挂牌企业设立及增资扩股时仍然需要履行验资程序，并取得验资报告。根据《关于全国中小企业股份转让系统业务规则涉及新修订〈公司法〉相关条文适用和挂牌准入有关事项的公告》(股转系统公告〔2014〕13号)的规定，针对2014年3月1日后申请挂牌公司的设立、增资等，股东应按照修改后《公司法》第28条和公司章程的规定办理出资手续、履行出资义务，主办券商、律师、会计师应加强股东出资的核验工作，核查股东是否按公司章程规定出资，制作核查出资工作底稿，提供出资证明文件，包括但不限于验资报告、打款凭证。

33 新三板对外商投资有限公司整体改制的注册资本及盈利有何要求?

根据商务部分别于2014年6月17日发布的《关于改进外资审核管理工作的通知》(商资函〔2014〕314号)及2014年6月

25 日下发《关于中外合资经营等类型企业转变为外商投资股份有限公司有关问题的函》(商办资函〔2014〕516 号)的规定，外商投资股份公司最低注册资本不得低于 3000 万元人民币及外商投资企业连续 3 年盈利记录的要求已经被废止。因此，自上述文件下发之日起，外商投资企业整体改制为外商投资股份有限公司，不再要求其改制前最近 3 年连续盈利，改制后注册资本不低于 3000 万元人民币。

34 股东中有私募基金的企业，挂牌新三板有何特别规定？

股东中有私募基金的企业，挂牌新三板时要审查该私募是否有备案。根据 2015 年 3 月 20 日股转系统《关于加强参与全国股转系统业务的私募投资基金 备案管理的监管问答函》，主要要求如下：

(1)若申请挂牌公司或申请挂牌公司股东属于私募投资基金管理人或私募投资基金的，请主办券商及律师核查其是否按照《证券投资基金法》、《私募投资基金监督管理暂行办法》及《私募投资基金管理人登记和基金备案办法(试行)》等相关规定履行了登记备案程序，并请分别在《推荐报告》、《法律意见书》中说明核查对象、核查方式、核查结果并发表意见。

(2)申请挂牌同时发行股票的，请主办券商和律师核查公司股票认购对象中是否存在私募投资基金管理人或私募投资基金，是否按照《证券投资基金法》、《私募投资基金监督管理暂行办法》及《私募投资基金管理人登记和基金备案办法(试行)》等相关规定履行登记备案程序，并请分别在《推荐报告》、《法律意见书》或其他关于股票发行的专项意见中说明核查对象、核查方式、核查结果并发表意见。

如果某合伙企业或法人股东的资金非募集资金，该合伙企业或法人不是私募机构，以自有资金投资，则不适用以上条款。

35 新三板能否改变互联网企业偏爱境外上市的现状?

中概股在美遇冷，A 股和新三板中的互联网公司受捧。优秀创业公司选择A股或者新三板必将成为难以逆转的趋势。近年来，新浪、京东、阿里巴巴等一大批互联网企业赴海外上市；而我国创业板，作为定位于服务高科技高成长型企业的板块，却未能实现它应有的功能。为何本土优秀的互联网企业偏偏舍近求远，宁愿采用 VIE 这种迂回曲折的方式赴境外上市？有以下几大原因：

(1)上市门槛高

互联网有其独特的商业模式，发展初期需要通过不断“烧钱”抢占市场份额，在刚开始是无法体现收益的。而按照政策规定，创业板上市盈利条件为最近两年连续盈利，最近两年净利润累计不少于一千万元；或者最近一年盈利，最近一年营业收入不少于五千万元。我国主板和创业板市场上市的盈利硬指标使互联网企业无缘境内上市。但亏损公司在境外上市，却是比较常见的现象。

（2）等待时间长

互联网企业成长很快，而且在开始总是非常缺钱的，一般在 C 轮融资后就要准备上市做大规模筹资了，境内上市需要满足持续经营三年以上，主板市场更是要求上市连续二年盈利。互联网公司很有可能在两到三年间就失去了最好的发展时机。

（3）监管严格

国内互联网企业在发展初期资金匮乏，主要的资金来源以 VC，PE 和天使投资为主，大多也引入了境外的投资机构。我国法律对境外资金投资互联网企业有非常严格的限制。在上市的时候，VIE 架构作为一种绕开监管的灰色模式，是不允许在境内上市的。融资约束和监管政策的限制，使大量的互联网企业不得不远走他乡。

新三板作为全新的资本市场制度设计，没有沪深两市的约束，对企业的入门门槛低，允许未盈利乃至没有营业收入的公司挂牌。能够在一定程度上解决过去互联网企业偏爱境外上市的情况。当然，新三板能否成为新的互联网企业的发展沃土，有待于制度环境和资本环境的进一步改善。

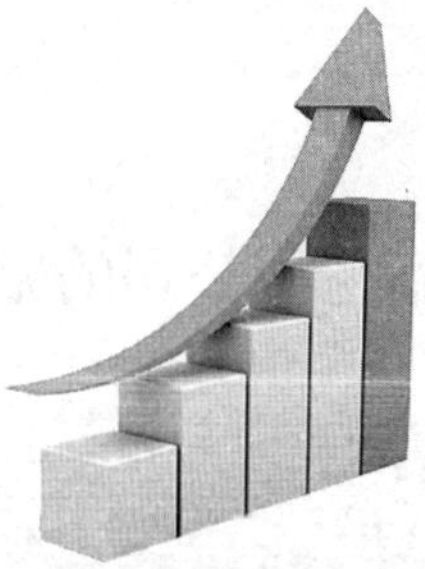

第五篇

新三板企业的融资

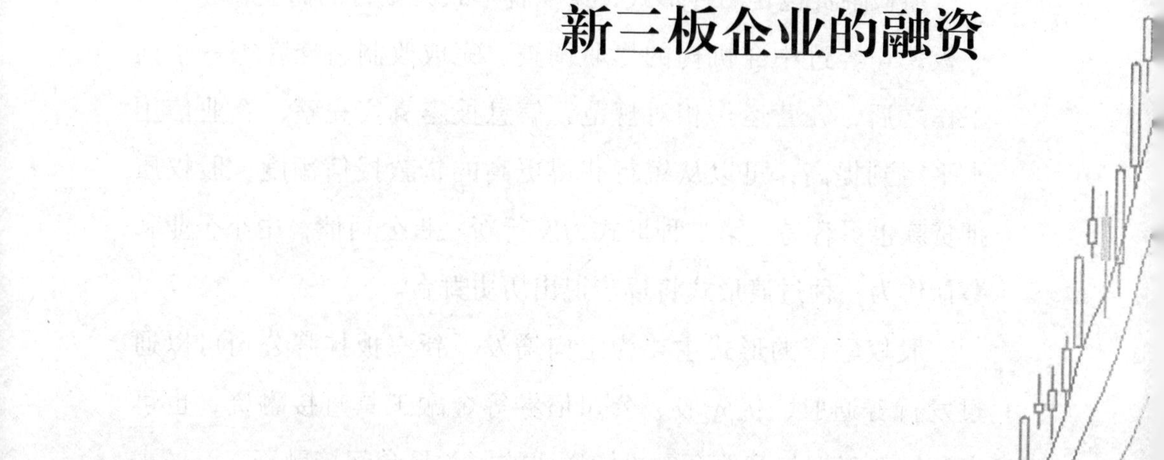

1 新三板公司的融资渠道有哪些?

目前，新三板的融资渠道主要有债权融资及股权融资两种。

债权融资包含两种形式，第一种形式为银行的商业贷款。新三板公司经过中介机构的尽职调查、完成改制、挂牌等一系列工作之后，经营运作相对规范，信息披露真实完整，企业信用水平得到提高，可以从银行获得更高的贷款授信额度，股权质押贷款也更容易。第二种形式为发行新三板公司债，中小企业私募债作为一种过渡形式将逐步退出历史舞台。

股权融资的形式主要为定向增发。新三板挂牌公司可以通过发行普通股、优先股、公司债券等金融工具直接融资，也可以通过新三板与其他金融机构搭建的服务平台间接融资。一般来说，新三板挂牌公司主要是采取定向增发的方式进行融资。

2 新三板公司在定向发行方面有何优势?

新三板企业在定向发行方面的最大优势就是“程序简单”。《非上市公众公司监督管理办法》和《全国中小企业股份转让系统有限责任公司管理暂行办法》等法律法规对挂牌公司定向发行已经作了原则规定。为适应中小企业融资“小额、快速、按需”的融资特点，全国股份转让系统（新三板）落实简政放权、放松管制、加强监管的工作要求，简化了定向发行核准程序，并对符合豁免申请核准要求的定向发行实行备案制管理。

全国股份转让系统依据“暂行办法”的规定，对定向发行的申请及主办券商推荐文件进行审查，出具审查意见。中国证监会按照“管理办法”的规定，对符合核准情形的定向发行申请进行核准，在二十个工作日内做出准予或不予行政许可的决定。根据“管理办法”的规定，对于定向发行后股东人数累计不超过200人，或者12个月内发行股票累计融资额低于公司净资产的20%的两类情形，豁免申请核准，采取事后备案的方式。挂牌公司在发行完成后的5个工作日内申请备案，如果备案材料齐备，合法合规，即可完成备案。对符合条件的定向发行实行备案制管理，切实降低了挂牌公司的融资成本，提高了融资效率。

对比主板上市公司长达一年的发行周期来说，新三板挂牌公司的定向增发节奏明显加快，有利于融资的便利性和及时性，提升企业的经营效率。

3 挂牌公司定向发行是否存在豁免申请核准的情况？

在特定情况下新三板挂牌公司确实可以豁免申请核准。

根据 2013 年 12 月 26 日修订后的《非上市公众公司监督管理办法》第四十五条，在全国中小企业股份转让系统挂牌公开转让股票的公众公司向特定对象发行股票后股东累计不超过 200 人的，或者公众公司在 12 个月内发行股票累计融资额低于公司净资产的 20% 的，豁免向中国证监会申请核准，由全国中小企业股份转让系统自律管理，但发行对象应当符合本办法第三十九条的规定。只要满足上述两个条件之一，即为豁免申请核准情形。

4 新三板公司定向发行新增股份有无限售要求？

新三板公司新增股份没有强制限售要求。

全国股份转让系统尊重公司自治，对定向发行的新增股份不强制限售，由企业自主决策。在发行方式上，为了适应中小企业快速、按需的融资特点，“管理办法”规定了“储架发行”制度，挂牌公司可以通过一次核准、一年内分期发行的方式募集资金。为了便于公司灵活选择融资时间和融资金额，相关制度对每次发行间隔也不作强制规定，公司可以“小步快跑”的方式实现按需融资。

在发行定价上，为了确保定价的公平，探索现有股东与新投资者在发行定价上的博弈制衡机制，在保护股东权益的基础上，挂牌公司可以通过询价等方式确定发行对象和发行价格，也可以与特定发行对象协商谈判，确定发行价格。定价结果完全由市场机制产生。在认购方式上，为了更好地兼顾灵活多样的投融资目的，发行对象除可以用现金认购外，还可以用其他非现金资产认购。

总体来看，全国股份转让系统对定向发行不设财务指标等硬性条件，避免为挂牌公司作信用背书或替代投资者进行价值判断；而是引导挂牌公司规范披露信息，如实揭示风险，满足不同类型的公司和投资者的多元化投融资需求。与此同时，全国股份转让系统仍在不断完善其他证券品种业务规则，丰富融资品种，拓宽挂牌公司融资渠道。

5 新三板公司定向增发需要符合什么样的条件?

定向增发是目前新三板公司融资的标志性方式。

新三板公司定向增发条件较为宽松，既没有业绩方面的要求，也无融资额的限制。企业挂牌时就可定向发行。新三板申请挂牌的企业可以同时进行定向增发融资，突破了过去不能在挂牌的同时定向增发的限制。另外，定向增发的挂牌企业在其指定的网站上披露定向发行意向即可，投融资对接效率得到提升。

6 豁免申请核准的情形能否进行储架发行?

公司定向发行豁免申请核准的，可以进行储架发行。

储架发行即“一次核准，分期发行”。公司定向发行豁免申请核准的，需在发行验资完毕后向全国股转系统报送备案，全国股转系统公司审查后出具股份登记函，公司持股份登记函向中国证券登记结算公司办理新增股份的登记及公开转让手续。

储架发行制度可在一次核准的情况下为挂牌公司一年内的融资留出空间。如：挂牌公司在与投资者商定好 500 万元的增资额度时，可申请 1000 万元的发行额度，先完成 500 万的发行，后续 500 万的额度可与投资者根据实际经营情况再行商议发行或者不发行，并可重新商议增发价格。该制度除了能为挂牌公司节约大量的时间和成本外，还可以避免挂牌公司一次融资额度过大，造成股权过度稀释或资金使用效率低下。

7 参与定向增发的人数限制是什么?

《非上市公众公司监督管理办法》第三十九条规定：本办法所称定向发行包括向特定对象发行股票导致股东累计超过 200 人，以及股东人数超过 200 人的公众公司向特定对象发行股票两种情形。

前款所称特定对象的范围包括下列机构或者自然人：

（1）公司股东；

（2）公司的董事、监事、高级管理人员、核心员工；

（3）符合投资者适当性管理规定的自然人投资者、法人投资者及其他经济组织。

公司确定发行对象时，符合本条第二款第 2 项、第 3 项规定的投资者合计不得超过 35 名。

核心员工的认定，应当由公司董事会提名，并向全体员工公示和征求意见，由监事会发表明确意见后，经股东大会审议批准。

投资者适当性管理规定由中国证监会另行制定。

符合以上规定条件和参与挂牌公司股票公开转让条件的投资者，可以参与挂牌企业的股票定向发行。

这一规定调整了发行对象范围和人数限制：首先，公司在册股东参与定向发行的认购时，不占用35名认购投资者数量的名额，相当于扩大了认购对象的数量；其次，将董事、监事、高级管理人员、核心员工单独列示为一类特定对象，暗含着鼓励挂牌公司的董、监、高级核心人员持股，将董、监、高级核心人员的利益和股东利益绑定，降低道德风险；再次，将核心员工纳入定向增资的人员范围，明确了核心员工的认定方法，使得原本可能不符合投资者适当性管理规定的核心员工也有了渠道和方法成为公司的股东，且增资价格协商确定，有利于企业灵活进行股权激励，形成完善的公司治理机制和稳定的核心业务团队。在此必须提请注意的是，在新三板的定向增资中，要求给予在册股东30%以上的优先认购权。在册股东可放弃该优先认购权。

8 哪些投资者能参与定向增发？

机构投资者：（1）注册资本500万元人民币以上的法人机构；（2）实缴出资总额500万元以上的合伙企业。

金融产品：证券投资基金、集合信托计划、证券公司资产管理计划、保险资金、银行理财产品，以及由金融机构或监管部门认可的其他机构管理的金融产品或资产。

在以上机构投资者或金融产品中，属于私募投资基金管理人或私募投资基金的，请主办券商及律师核查其是否按照《证券投资基金法》、《私募投资基金监督管理暂行办法》及《私募投资基金管理人登记和基金备案办法（试行）》等相关规定履行了登记备案程序。

自然人投资者：投资者本人名下前一交易日日终证券资产市值500万元人民币以上，证券资产包括客户交易结算资金、股票、基金、债券、券商集合理财产品等；且具有两年以上证券投资经验，或具有会计、金融、投资、财经等相关专业背景或培训经历。

9 新三板公司出资真实性方面有何要求？

发行对象用非现金资产认购发行股票的，还应当说明交易对手是否为关联方、标的资产审计情况或资产评估情况、董事会关于资产定价合理性的讨论与分析等。

非现金资产应当经过具有证券、期货相关业务资格的会计师事务所、资产评估机构审计或评估。非现金资产若为股权资产，应当提供会计师事务所出具的标的资产最近一年一期的审计报告，审计截止日距审议该交易事项的股东大会召开日不得超过六个月；非现金资产若为股权以外的其他非现金资产，应当提供资产评估事务所出具的评估报告，评估基准日距审议该交易事项的股东大会召开日不得超过一年。

资产交易价格以经审计的账面价值为依据的，挂牌公司董事会应当结合相关资产的盈利能力说明定价的公允性。

资产交易根据资产评估结果定价的，在评估机构出具资产评估报告后，挂牌公司董事会应当对评估机构的独立性、评估假设前提和评估结论的合理性、评估方法的适用性、主要参数的合理性、未来收益预测的谨慎性等问题发表意见。

10 境外机构和个人投资新三板有何要求？

全国股份转让系统是经国务院批准设立的全国性证券交易场所，所有符合《合格境外机构投资者境内证券投资管理办法》和《人民币合格境外机构投资者境内证券投资试点办法》规定的合格境外机构投资者（QFII）和人民币合格境外机构投资者（RQFII）均可参与。外资股东办理证券账户应遵照中国证券登记结算有限责任公司《关于外国战略投资者开立 A 股证券账户等有关问题的通知》。

11 定向增发如何定价？

新三板挂牌企业股票的定增价格是企业与投资者根据企业当年盈利水平、行业地位、技术实力、未来成长性及其他因素，经自主协商确定的。定价既可以参考公司股票近期挂牌交易价格，也可以参考同行业已挂牌企业的 PE 和 PB 水平，但通常会较公允价格有一定折扣。在某些条件下，也会出现挂牌公司以每股净资产定价的情况，但那通常是仅针对原股东、管理层以及核心员工的定向发行，外部投资者不能参与。

12 什么样的公司适合发行优先股？

一是银行类金融机构，可以发行优先股补充一级资本，满足资本充足率的监管要求；二是资金需求量较大、现金流稳定的公司，发行优先股可以补充低成本的长期资金，降低资产负债率，改善公司的财务结构；三是创业期、成长初期的公司，股票估值较低，通过发行优先股，可在不稀释控制权的情况下融资；四是进行并购重组的公司，发行优先股可以作为收购资产或换股的支付工具。

对发行人而言，优先股相比普通股的主要优点是不分散控制权，红利稀释较少。此外，会计处理也比较灵活。缺点是优先股股息不能税前扣除，可能会增加财务负担。对于投资者而言，优先股能够满足长期稳定收益的投资需求，但收益较低，在极端情况下，也有违约的风险。

13 新三板挂牌公司发行优先股有何要求?

新三板挂牌公司目前只能以非公开方式发行优先股，基本条件是：

（1）合法规范经营；

（2）公司治理机制健全；

（3）依法履行信息披露义务。

此外，《优先股试点管理办法》（证监会第97号令）还对优先股发行规定了一些具体要求，主要包括：

（1）不存在该试点办法规定的禁止发行优先股的情形；

（2）相同条款的优先股应当具有同等权利，同次发行的相同条款优先股，发行的条件、价格和票面股息率等各项条款应当相同；

（3）不得发行在股息分配和剩余财产分配上具有不同优先顺序的优先股；

（4）已发行的优先股不得超过公司普通股股份总数的百分之五十，且筹资金额不得超过发行前净资产的百分之五十；

（5）非公开发行优先股的票面股息率不得高于最近两个会计年度的加权平均净资产收益率；

（6）优先股面值为100元。

14 私募投资基金参与新三板定增融资是否需要备案？

根据股转系统2015年3月20日《关于加强参与全国股转系统业务的私募投资基金备案管理的监管问答函》，私募投资基金及其管理人需备案方能参与定增融资。具体要求如下：

挂牌公司报送的股票发行融资备案材料中，主办券商和律师应当分别核查挂牌公司股票认购对象和挂牌公司现有股东中是否存在私募投资基金管理人或私募投资基金，其是否按照《证券投资基金法》、《私募投资基金监督管理暂行办法》及《私募投资基金管理人登记和基金备案办法（试行）》等相关规定履行了登记备案程序，并分别在《主办券商关于股票发行合法合规性意见》和《股票发行法律意见书》中对核查对象、核查方式、核查结果进行专门说明。

挂牌公司披露的挂牌公司重大资产重组《独立财务顾问报告》和《法律意见书》中，独立财务顾问和律师应当分别核查交易对手方和挂牌公司现有股东中是否存在私募投资基金管理人或私募投资基金，其是否按照《证券投资基金法》、《私募投资基金监督管理暂行办法》及《私募投资基金管理人登记和基金备案办法（试行）》等相关规定履行了登记备案程序，并对核查对象、核查方式、核查结果进行专门说明。

如果某合伙企业或公司，未对外融资，资金性质不属于私募资金，则不适用以上条款。

15 挂牌前后拟挂牌公司可否依法办理股权质押贷款?

还未挂牌的拟挂牌公司可以依法办理股权质押贷款。

拟挂牌公司须履行必要内部决议程序，签署书面质押合同，办理工商登记手续，只要不存在股权纠纷和其他争议，原则上不会影响其挂牌。

公司挂牌后同样可以办理股权质押贷款。

挂牌公司需按照中国证券登记结算有限责任公司的要求，办理股票质押手续。办理股权质押贷款的股份在股份公司挂牌后，应当按照中国证券登记结算公司的有关规定办理登记手续，在股权出质期间限制转让，待质押权行使时，按照中国证券登记结算公司的有关规定办理流通手续。

16 银行对于新三板企业的股权质押有哪些优惠政策?

根据部分商业银行的宣传信息，目前很多商业银行在融资业务上对新三板挂牌企业有一定的政策倾斜。

(1)工行创新推出新三板股权质押贷款

工行面向在全国中小企业股份转让系统(简称“新三板”)挂牌的中小微企业创新推出了股权质押贷款业务。这意味着今后“新三板”的上市企业可以用股权作质押从银行获取贷款，为小微企业提供了一条新的融资渠道。企业在新三板挂牌后，作为公众公司需要充分、及时、完整地披露信息，信息的公开性和真实性相比有较大提升，这也是银行进行股权质押贷款的前提之一。

(2)中国农业银行为新三板企业发放股权质押贷款

中国农业银行携手北京股权交易中心，承诺将该中心挂牌和拟挂牌公司提供总金额近50亿元的意向性信用额度，并提供私募债承销、股权质押贷款、知识产权质押贷款等多元化融资支持，匹配专项信贷额度，缩短审批链条，提高放款效率。

(3)广发银行为新三板挂牌费用提供贷款支持

广发北京分行“新三板”贷款保证保险批量授信方案。所谓“批量授信”，是广发银行为小企业业务创新推出的业务模式，即针对具有共同利益特征和风险特征的目标小企业客户群，“量身定做”金融服务方案，并据此实行集中开发、批量作业与统一管理。

广发北京分行介绍了以“新三板”已挂牌企业为目标客户的贷款保证保险业务，即借款人以广发银行为被保险人，向保险公司投保企业贷款保证保险，并凭借保单向银行申请办理融资业务，贷款资金用于支付企业“新三板”挂牌的相关费用，银行和保险公司共同分担风险。

（4）杭州银行通过股权质押贷款解决企业融资难问题

杭州银行通过股权质押贷款积极为“新三板”企业盘活资产，解决企业融资难的问题，并为其提供包括现金管理、并购顾问、财务咨询、高管理财等全套金融服务方案。通过组织并购基金、提供并购贷款、推荐并购标的等形式，积极参与并购重组业务。还通过渠道资源整合来为科技企业塑造科技金融生态环境。

17 金融机构可否利用新三板补充资本？

金融机构可以利用新三板补充资本。证券公司不仅可以提供为企业挂牌新三板的服务，还可以自己挂牌、融资。已经有湘财证券和联讯证券的案例在先。

金融板块未来很可能成为新三板一个极具特色的重要组成

部分，根据2014年12月25日证监会发布《关于证券经营机构参与全国股 转系统相关业务有关问题的通知》：

（1）支持证券公司、基金管理公司、期货公司、证券投资咨询机构等证券期货经营机构在全国股转系统挂牌。申请挂牌的证券期货经营机构无须向我会申请出具监管意见书，只需在挂牌后5个工作日内报我会和住所地证监局备案。

（2）支持证券期货经营机构通过全国股转系统募集资金。证券期货经营机构可以通过全国股转系统发行普通股、优先股、私募债、可转债等产品，增强资本实力和抗风险能力，提升服务中小微企业的水平。

（3）支持证券期货经营机构通过全国股转系统进行股权转让。挂牌证券公司通过全国股转系统变更持股5%以下股权的股东，参照适用上市证券公司变更持股5%以下股权股东的有关要求。证券期货经营机构可以通过全国股转系统探索股权激励，建立、健全员工激励与约束机制。

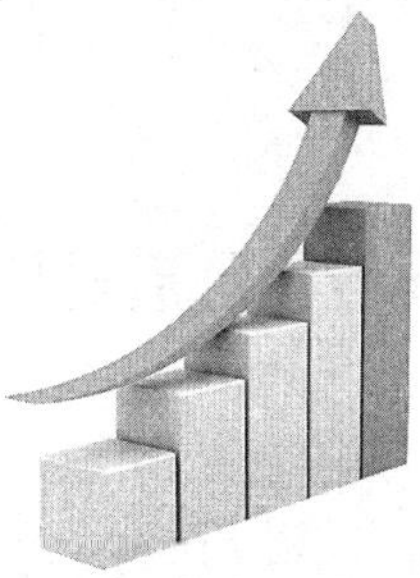

第六篇

新三板企业的监管治理

1 企业挂牌后对信息披露的要求是什么？

根据《全国中小企业股份转让系统挂牌公司信息披露细则（试行）》的规定，企业挂牌后仍要履行信息披露的义务，包括定期报告和临时报告。

（1）定期报告

对于定期报告，应当披露年度、半年度报告，鼓励但不强制披露季度报告。不同的定期报告的披露时限、内容及审计要求如下表：

挂牌公司或主办券商发现有重大错误或遗漏需要更正或补充的，挂牌公司应按照相关规定更正或补充公告，并重新披露公告。原已披露的公告不做撤销。

（2）临时报告

临时报告包括定期报告以外的公告，应当披露如下重大信息：对挂牌公司股票及相关产品转让价格可能产生较大影响的事

表 9　　定期报告的披露要求

报告类型	披露时限	披露内容	审计要求
年度报告	会计年度结束之日起四个月内	重要提示、目录和释义，公司简介，会计数据和财务指标摘要，管理层讨论与分析，重要事项，股本变动及股东情况，董事、监事、高级管理人员及核心员工情况，公司治理及内部控制，财务报告，备查文件目标等	财务报告必须经具有证券期货相关业务资格的会计师事务所审计
半年度报告	会计年度的上半年结束之日起两个月内	公司半年大事记，声明与提示，目录，正文（基本信息、财务信息、非财务信息）及备查文件目录	财务报告无须审计
季度报告	会计年度的三个月、九个月结束之日起一个月内	—	—

项、董事会认为对股票及相关产品价格可能产生较大影响的信息、挂牌公司控股子公司发生的对挂牌公司股票及相关产品价格可能产生较大影响的信息。

应当以临时报告及时披露重大事件的时点包括：董事会或监事会做出决议时、签署意向书或者协议时、公司知悉或者应当知悉重大事件发生时。所谓的“及时”是指，自起算日或者触及上述时点起两个转让日内。但是，当重大事件难以保密、已经泄露或者市场出现有关该事件的传闻或者公司股票及衍生品重交易已经发生异常波动时，即使未触及上述时点，公司也应当及时履行信息披露义务。

2 挂牌公司董事、监事或高级管理人员发生变化，是否需要向股转系统报备？

如有相关变化，需要及时向股转系统报备。

按照《挂牌公司信息披露细则（试行）》的规定，挂牌公司应当在挂牌时向全国股份转让系统报备董事、监事及高级管理人员的任职、职业经理及持有挂牌公司股票情况。当有新任董事、监事及高级管理人员或者报备事项发生变化时，挂牌公司应当在两个转让日内，联系相应监管员并填写《挂牌公司董监高人员变更报备表》；将最新资料向全国股份转让系统报备。

按照规定，挂牌公司董监高在公司挂牌时应当签署《董事（监事、高级管理人员）声明及承诺书》并向全国股份转让系统报备。因此，当新任董事、监事、高级管理人员应当在通过任命的五个转让日宁日签署承诺书并报备。

3 挂牌公司召开股东大会是否需要暂停转让？

一般情况下，挂牌公司召开股东大会无需申请暂停转让。如果出现《业务规则(试行)》第 4.4.1 条规定的情形，则需要申请暂停转让。《业务规则(试行)》第 4.4.1 条之规定：

> 挂牌公司发生下列事项，应当向全国股份转让系统公司申请暂停转让，直至按规定披露或相关情形消除后恢复转让。
>
> (一)预计应披露的重大信息在披露前已难以保密或已经泄露，或公共媒体出现与公司有关传闻，可能或已经对股票转让价格产生较大影响的；
>
> (二)涉及需要向有关部门进行政策咨询、方案论证的无先例或存在重大不确定性的重大事项，或挂牌公司有合理理由需要申请暂停股票转让的其他事项；
>
> (三)向中国证监会申请首次公开发行股票并上市，或向证券交易所申请股票上市；
>
> (四)向全国股份转让系统公司主动申请终止挂牌；
>
> (五)未在规定期限内披露年度报告或者半年度报告；
>
> (六)主办券商与挂牌公司解除持续督导协议；
>
> (七)出现依《公司法》第一百八十一条规定解散的情形，或法院依法受理公司重整、和解或者破产清算申请。

4 挂牌公司更换会计师事务所是否需要经全国股份转让系统公司同意？

挂牌公司变更会计师事务所，不需要经过经全国股份转让系统公司同意。

根据《信息披露细则（试行）》第13条第2款之规定，挂牌公司不得随意变更会计师事务所，如确需变更的，应当由董事会审议后提交股东大会审议。

挂牌公司变更会计师事务所，属于应当披露的重大信息，应当及时披露。根据《公司治理与信息披露指南》的规定，挂牌公司变更会计师事务所、会计政策、会计估计，应当自发生之日起两个转让日内以临时公告的形式披露。

5 挂牌公司申请暂停转让的情形有哪些？

当挂牌公司发生下列事项，应当向全国股份转让系统公司申请暂停转让，直至按规定披露或相关情形消除后恢复转让：

（1）预计应披露的重大信息在披露前已难以保密或已经泄

露，或公共媒体出现与公司有关传闻，可能或已经对股票转让价格产生较大影响的；

（2）涉及需要向有关部门进行政策咨询、方案论证的无先例或存在重大不确定性的重大事项，或挂牌公司有合理理由需要申请暂停股票转让的其他事项；

（3）向中国证监会申请公开发行股票并在证券交易所上市，或向证券交易所申请股票上市；

（4）向全国股份转让系统公司主动申请终止挂牌；

（5）未在规定期限内披露年度报告或者半年度报告；

（6）主办券商与挂牌公司解除持续督导协议；

（7）出现依《公司法》第一百八十一条规定解散的情形，或法院依法受理公司重整、和解或者破产清算申请。

挂牌公司未按规定向全国股份转让系统公司申请暂停股票转让的，主办券商应当及时向全国股份转让系统公司报告并提出处理建议。

6 挂牌公司需要终止股票挂牌的情形有哪些?

根据《全国中小企业股份转让系统业务规则（试行）》的规定，挂牌公司出现下列情形之一的，全国股份转让系统公司终止其股票挂牌：

（1）中国证监会核准其公开发行股票并在证券交易所上市，或证券交易所同意其股票上市；

（2）终止挂牌申请获得全国股份转让系统公司同意；

（3）未在规定期限内披露年度报告或者半年度报告的，自期满之日起两个月内仍未披露年度报告或半年度报告；

（4）主办券商与挂牌公司解除持续督导协议，挂牌公司未能在股票暂停转让之日起三个月内与其他主办券商签署持续督导协议的；

（5）挂牌公司经清算组或管理人清算并注销公司登记的；

（6）全国股份转让系统公司规定的其他情形。

全国股份转让系统公司在作出股票终止挂牌决定后发布公告，并报中国证监会备案。挂牌公司应当在收到全国股份转让系统公司的股票终止挂牌决定后及时披露股票终止挂牌公告。

对因第（3）、（4）项情形终止挂牌的公司，全国股份转让系统公司可以为其提供股票非公开转让服务。

7 哪些行为属于异常交易？

根据《股票转让细则》第一百一十三条，可能影响股票转让价格或者股票成交量的异常转让行为包括：

（1）可能对股票转让价格产生重大影响的信息披露前，大量或持续买入或卖出相关股票；

（2）单个证券账户，或两个以上固定的或涉嫌关联的证券账户之间，大量或频繁进行反向交易；

（3）单个证券账户，或两个以上固定的或涉嫌关联的证券账户，大笔申报、连续申报、密集申报或申报价格明显偏离该证券行情揭示的最近成交价；

（4）频繁申报或撤销申报，或大额申报后撤销申报，以影响股票转让价格或误导其他投资者；

（5）集合竞价期间以明显高于前收盘价的价格申报买入后又撤销申报，随后申报卖出该证券，或以明显低于前收盘价的价格申报卖出后又撤销申报，随后申报买入该证券；

（6）对单一股票在一段时期内进行大量且连续交易；

（7）大量或者频繁进行高买低卖交易；

（8）单独或者合谋，在公开发布投资分析、预测或建议前买入或卖出相关股票，或进行与自身公开发布的投资分析、预测或建议相背离的股票转让；

（9）申报或成交行为造成市场价格异常或秩序混乱；

（10）涉嫌编造并传播交易虚假信息，诱骗其他投资者买卖股票；

（11）全国股份转让系统公司认为需要重点监控的其他异常

转让。

根据《股票转让细则》第一百一十四条，股票转让价格或者股票成交量明显异常的情形包括：

（1）同一证券营业部或同一地区的证券营业部集中买入或卖出同一股票且数量较大；

（2）股票转让价格连续大幅上涨或下跌，且挂牌公司无重大事项公告；

（3）全国股份转让系统公司认为需要重点监控的其他异常转让情形。

此外，根据《全国中小企业股份转让系统股票异常转让实时监控指引（试行）》，采取协议转让方式的股票，投资者成交价格较前收盘价变动幅度超过50%时，全国股份转让系统公司将于相关情形发生后在其网站逐笔公告相关成交信息，内容包括：证券代码、证券简称、成交价格、成交数量、买卖双方证券账户名称、主办券商证券营业部或交易单元的名称等。

8 异常交易行为的监管重点是什么？

《股票转让细则》第一百一十二条规定，全国股份转让系统公司对股票转让过程中出现的下列事项予以重点监控：

（1）涉嫌内幕交易、操纵市场等违法违规行为；

（2）可能影响股票转让价格或者股票成交量的异常转让行为；

（3）股票转让价格或者股票成交量明显异常的情形；

（4）买卖股票的范围、时间、数量、方式等受到法律、行政法规、部门规章、其他规范性文件、《业务规则》及全国股份转让系统其他规定限制的行为；

（5）全国股份转让系统公司认为需要重点监控的其他事项。

此外，《股票转让细则》第一百一十五条还明确了列入重点监控范围的做市商行为：

（1）不履行或不规范履行报价义务；

（2）频繁触发豁免报价条件；

（3）涉嫌以不正当方式影响其他做市商做市；

（4）库存股数量异常变动；

（5）报价异常变动，或通过频繁更改报价涉嫌扰乱市场秩序；

（6）做市商之间涉嫌串通报价或私下交换交易策略、做市库存股票数量等信息以谋取不正当利益；

（7）做市商与特定投资者在一段时间内对特定股票进行大量且连续交易；

（8）其他涉嫌违法违规行为。同时，第一百一十六条明确了，全国股份转让系统公司可根据监管需要，对主办券商相关业务活动中的风险管理、技术系统运行、做市义务履行等情况进行监督检查。

9 全国股份转让系统公司的监管形式有哪些?

全国股份转让系统公司可以单独或联合其他有关单位，对异常转让行为等情形进行现场或非现场调查。相关主办券商和投资者应当予以配合。全国股份转让系统公司在现场或非现场调查过程中，可以根据需要要求主办券商及其证券营业部、投资者及时、准确、完整地提供下列文件和资料：

（1）投资者的开户资料、授权委托书、资金账户情况和相关账户的转让情况等；

（2）相关证券账户或资金账户的实际控制人、操作人和受益人情况、资金来源以及相关账户间是否存在关联的说明等；

（3）对股票转让中重点监控事项的解释；

（4）其他与全国股份转让系统公司重点监控事项有关的资料。

10 全国股份转让系统公司的监管措施有哪些?

《股票转让细则》第一百一十九条规定，对第一百一十二条、第一百一十三条、第一百一十四条、第一百一十五条所述重点监控事项中情节严重的行为，全国股份转让系统公司可以视情况采取以下措施：

（1）约见谈话；

（2）要求提交书面承诺；

（3）出具警示函；

（4）限制证券账户转让；

（5）向中国证监会报告有关违法违规行为；

（6）其他自律监管措施。

《股票转让细则》第一百二十条明确，转让参与人及相关业务人员违反该细则的，全国股份转让系统公司可根据《业务规则》及全国股份转让系统其他相关业务规定，对其进行纪律处分，并记入诚信档案。

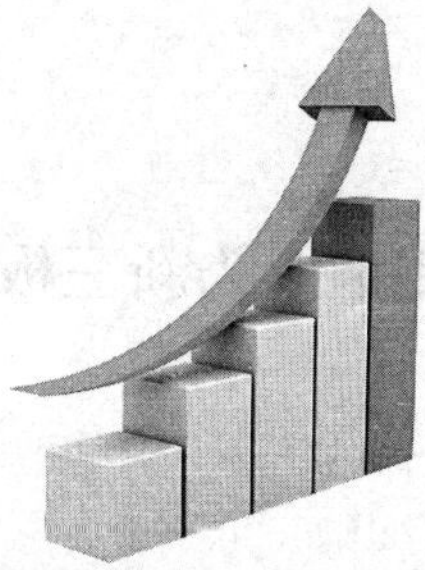

第七篇

中介机构的职能

1 申请成为新三板做市商需要具备哪些条件？

根据《全国中小企业股份转让系统主办券商管理细则（试行）》，证券公司申请在全国股份转让系统从事做市业务应具备下列条件：

（1）具备证券自营业务资格；

（2）设立做市业务专门部门，配备开展做市业务必要人员；

（3）建立做市股票报价管理制度、库存股管理制度、做市风险监控制度及其他做市业务管理制度；

（4）具备符合全国股份转让系统公司要求的做市交易技术系统；

（5）全国股份转让系统公司规定的其他条件。

目前，由于相关技术系统开发原因，股转系统暂不接受做市业务申请。具体申请做市业务的规定将在条件成熟时公布。

2 证券公司如何在新三板申请业务备案?

根据《全国中小企业股份转让系统主办券商管理细则(试行)》，证券公司在全国股份转让系统开展相关业务前，应当向全国股份转让系统公司申请备案，成为主办券商。

申请在全国股份转让系统从事主办券商相关业务的证券公司应当按照《全国中小企业股份转让系统股主办券商相关业务备案申请文件内容与格式指南》制作和报送申请文件。证券公司申请文件齐备的，全国股份转让系统公司予以受理。全国股份转让系统公司同意备案的，自受理之日起十个转让日内与证券公司签订《证券公司参与全国中小企业股份转让系统业务协议书》，向其出具主办券商业务备案函，并予以公告。公告后，主办券商可在公告业务范围内开展业务。

3 主办券商推荐公司挂牌，向全国股转系统提交的申报材料有哪些？

（一）提交申报材料

主办券商推荐申请挂牌公司股票挂牌，应当向全国股份转让系统公司提交推荐报告及全国股份转让系统公司要求的其他文件。

根据《全国中小企业股份转让系统挂牌申请文件内容与格式指引（试行）》，企业在申请挂牌新三板时，提交的申请文件应包括原件一份，复印件两份，电子文件一份（电子文件需包含“书面文件扫描版”和“书面文件 word 版”）。为了积极适应未来电子化报送的需求，系统公司要求挂牌申请材料应按照申请文件目录顺序，且每个目录应单独制作 word 文档。

申请文件中的主申请报告应以红头文件印制，标明文号，且必须由法定代表人签发并加盖公章；每份文件应由出文单位加盖骑缝章，并在落款处加盖公章；公司章程、制度等无落款的文件，应当在章程或制度首页标题上加盖公章；申请文件中的签名均应为签名人亲笔签名，不得以名章、签名章等代替；董事、监事、高级管理人的声明和承诺文件，还应当附见证律师的从业资格证明文件。

申请人带单位介绍信、身份证（附身份证复印件）等身份证明文件到股份转让系统接受服务大厅现场提交申报文件。系统公司对申请材料的齐备性、完整性进行检查：需要申请人补正申请材料的，按规定提出补正要求；申请材料形式要求齐备、符合条件的，系统公司出具《申请材料接受确认单》。

强调一点，如申请挂牌的股份公司存在国有股东或外资股东，申请挂牌材料除常规材料以外，还需增加“国有资产管理部门出具的国有股权设置批复文件及商务主管部门出具的外资股确认文件”。

（二）申报材料内容

根据《全国中小企业股份转让系统挂牌申请文件内容与格式指引》的规定申报材料主要包括以下的内容

1. 公开转让说明书及推荐报告

（1）公开转让说明书（申报稿）参见表10

（2）财务报表及审计报告

（3）法律意见书

（4）公司章程

（5）主办券商推荐报告

（6）定向发行情况报告书（如有）

2. 申请挂牌公司相关文件

（1）向全国股份转让系统公司提交的申请股票在全国股份转

表 10　　公开转让说明书与招股说明书披露信息区别

新三板公开转让说明书	创业板招股说明书	主板招股说明书
声明	发行人声明	发行人声明
重大事项提示	重大事项提示	重大事项提示
公司基本情况	发行人基本情况	发行人基本情况
公司业务	业务与技术	业务与技术
	同业竞争与关联交易	同业竞争与关联交易
	董监高与核心技术人员	董监高与核心技术人员
公司治理	公司治理	公司治理
公司财务	财务会计信息与管理层分析	财务会计信息
		管理层讨论与分析
	未来发展与规划	业务发展目标
定向发行（如有）	募集资金运用	募集资金运用
		股利分配政策
	其他重要事项	其他重要事项
有关声明	有关声明	董监高及有关中介声明
附件	备查文件	附件和备查文件

资料来源：上海证券交易所、深圳证券交易所、全国中小企业股份转让系统

让系统挂牌及定向发行（如有）的报告

（2）向中国证监会提交的申请股票在全国股份转让系统公开转让及定向发行（如有）的报告

（3）有关股票在全国股份转让系统公开转让及定向发行（如有）的董事会决议

（4）有关股票在全国股份转让系统公开转让及定向发行（如

有）的股东大会决议

（5）企业法人营业执照

（6）股东名册及股东身份证明文件

（7）董事、监事、高级管理人员名单及持股情况

（8）申请挂牌公司设立时和最近两年及一期的资产评估报告

（9）申请挂牌公司最近两年原始财务报表与申报财务报表存在差异时，需要提供差异比较表

（10）全部股票已经在中国证券登记结算有限责任公司登记的证明文件（挂牌前提供）

（11）申请挂牌公司全体董事、监事和高级管理人员签署的《董事（监事、高级管理人员）声明及承诺书》（挂牌前提供）

3. 主办券商相关文件

（1）主办券商与申请挂牌公司签订的推荐挂牌并持续督导协议

（2）尽职调查报告

（3）尽职调查工作文件：

尽职调查工作底稿目录、相关工作记录和经归纳整理后的尽职调查工作表

有关税收优惠、财政补贴的依据性文件

历次验资报告

对持续经营有重大影响的业务合同

（4）内核意见：

内核机构成员审核工作底稿

内核会议记录

对内核会议反馈意见的回复

内核专员对内核会议落实情况的补充审核意见

（5）主办券商推荐内部核查表及主办券商对申请挂牌公司风险评估表

（6）主办券商自律说明书

（7）主办券商业务备案函复印件（加盖机构公章并说明用途）及项目小组成员任职资格说明书根据《全国中小企业股份转让系统主办券商管理细则（试行）》第十条，主办券商所披露信息内容发生变更的，应自变更之日起五个转让日内报告全国股份转让系统公司并进行更新。主办券商可通过推荐业务联络人向全国股份转让系统公司机构业务部报告，经核对后在指定信息披露平台进行更新披露。

4. 其他相关文件

（1）申请挂牌公司全体董事、主办券商及相关中介机构对申请文件真实性、准确性和完整性的承诺书

（2）相关中介机构对纳入公开转让说明书等文件中由其出具的的专业报告或意见无异议的函

（3）申请挂牌公司、主办券商对电子文件与书面文件保持一致的声明

（4）律师、注册会计师及所在机构的相关执业证书复印件（加盖机构公章并说明用途）

（5）国有资产管理部门出具的国有股权设置批复文件及商务主管部门出具的外资股确认文件

4 券商的督导时限是多久？

挂牌后主办券商要对企业进行终身督导。企业能否在新三板挂牌，由券商说了算。主办券商其实承担着实质性审查的基本责任，也在其中扮演着非常重要的角色。但是，主办券商存在尽职调查工作不充分、内核工作不充分、对信披把关不严等六方面的问题也不容忽视。有鉴于此，中国证券业协会拟以终身督导机制来约束主办券商。终身督导机制不仅意味着主办券商面临的风险放大，也意味着其将承担更大的督导责任，这是终身督导机制最显著的特点。

5 转板过程中券商是否一直保荐?

转板过程中券商并非一直保荐。

一种情况是企业自主选择的结果。从历史的角度讲，而在新三板市场影响力较强的券商，其投行业务能力就不见得很强。部分新三板企业冲刺 IPO 时，就可能会重新审视和选择合作的券商。

第二种情况则是券商主动选择的结果。不同券商投行部门对同一个项目的上市前景判断并不一致，因此有可能不愿意承接。

第三种情况则是券商不得已才将项目拱手让人。在保代仍属稀缺资源的情况下，部分券商可能因要保荐的项目太多而无法顾及，只好拱手相让。

6 拟挂牌公司或者已挂牌公司如何更换主办券商?

拟挂牌公司在申请挂牌前更换主办券商的，与主办券商自行商定，无须报告全国股份转让系统公司。

全国股份转让系统实行主办券商制度，主办券商需要在推荐公司挂牌后，对其履行持续督导义务，全国股份转让系统公司鼓励挂牌公司与主办券商建立长期稳定的持续督导关系，除主办券商不再从事推荐业务或者挂牌公司股票终止挂牌两种规定情形外，双方不得随意解除持续督导协议。主办券商与挂牌公司因特殊原因确需解除持续督导协议的，双方应协商一致，且有其他主办券商愿意承接督导工作，事前报告全国股份转让系统公司并说明理由。具体操作流程参见《全国中小企业股份转让系统主办券商和挂牌公司协商一致解除持续督导协议操作指南》。

7 券商对拟挂牌新三板公司的尽职调查主要包括哪些内容？

此类尽职调查主要包括：

（1）法律调查：即对公司治理和合法合规的调查。

（2）财务调查：即对公司内部控制、财务风险和会计政策的调查。

（3）业务调查：即对公司细分行业情况及风险、产品与服务等业务方面的调查。

主办券商应该按照《全国中小企业股份转让系统主办券商尽

职调查工作指引(试行)》(以下简称《主办券商尽职调查工作指引》)的指导完成尽职调查的工作。

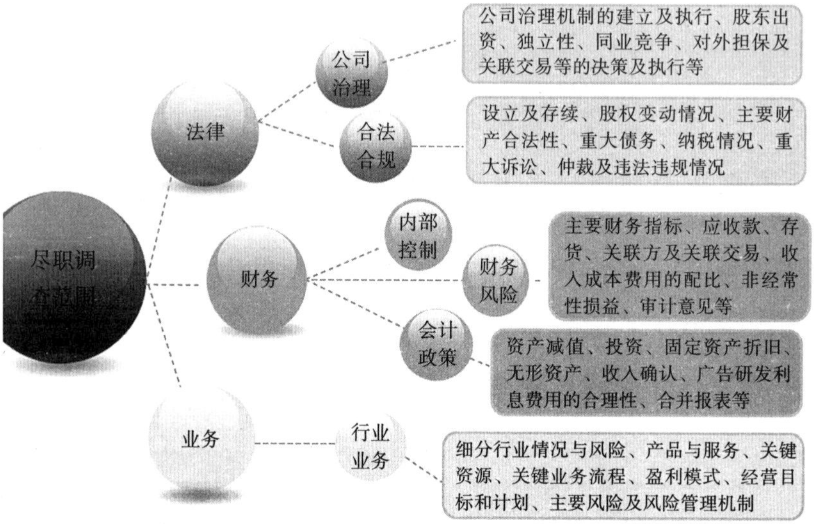

图 3　尽职调查的主要内容

资料来源：全国中小企业股份转让系统

8　券商尽职调查在公司治理方面应完成哪些工作?

通过查阅公司章程，了解公司组织结构，查阅股东大会、董事会、监事会有关文件，调查公司三会的建立健全及运行情况，说明上述机构和人员履行职责的情况，关注公司章程和三会议事规则是否合法合规，是否建立健全投资者关系管理制度，是否在公司章程中约定纠纷解决机制。

公司董事会对公司治理机制进行讨论评估，内容包括现有公司治理机制在给股东提供合适的保护以及保证股东充分行使知情权、参与权、质询权和表决权等权利方面所发挥的作用、所存在的不足及解决方法等。

（1）调查公司治理机制的执行情况并出具核查意见。

（2）调查公司股东的情况，核实公司股东股权的合法性和真实性。

（3）调查公司董事、监事的简要情况。

（4）调查公司与控股股东、实际控制人及其控制的其他企业在业务、资产、人员、财务和机构方面的分开情况，判断其独立性。

（5）调查公司与控股股东、实际控制人及其控制的其他企业是否存在同业竞争。

（6）调查公司对外担保、重大投资、委托理财、关联方交易等重要事项的政策及制度安排，调查决策权限及程序等规定，并核查最近两年的执行情况，包括对上述事项的决策是否符合股东大会、董事会的职责分工，对该事项的表决是否履行了公司法和公司章程中规定的程序，以及决策是否得到有效执行。

取得管理层就公司对外担保、重大投资、委托理财、关联方交易等事项的情况、是否符合法律法规和公司章程的规定，及其对公司影响的书面声明。

（7）调查公司管理层的诚信情况，取得经公司管理层签字的关于诚信状况的书面声明。

9 券商尽职调查在合法合规方面应完成哪些工作？

（1）调查公司设立及存续情况。

（2）调查公司最近二年是否存在重大违法违规行为。

（3）调查公司最近二年股权变动的合法合规性以及股本总额和股权结构是否发生变化。

（4）通过与公司股东或股东的法定代表人交谈，查阅工商变更登记资料等，调查公司股份是否存在转让限制的情形，并取得公司股东或股东的法定代表人的股份是否存在质押等转让限制情形、是否存在股权纠纷或潜在纠纷的书面声明。

（5）调查公司主要财产的合法性，是否存在法律纠纷或潜在纠纷以及其他争议。

（6）调查公司的重大债务，重点关注将要履行、正在履行以及虽已履行完毕但可能存在潜在纠纷的重大合同的合法性、有效性；是否有因环境保护、知识产权、产品质量、劳动安全、人身权等原因产生的债务；以及公司金额较大的其他应付款是否因正常的生产经营活动发生，是否合法。

（7）调查了解公司的纳税情况是否符合法律、法规和规范性文件的要求。

（8）调查公司环境保护和产品质量、技术标准是否符合相关要求。

（9）通过对公司控股股东、实际控制人、董监高、核心技术（业务）人员访谈，询问公司律师或法律顾问，核查公司是否存在违约金或诉讼、仲裁费用的支出，走访公司住所地的法院和仲裁机构等方法，调查公司是否存在重大诉讼、仲裁和其他重大或有事项，分析该等已决和未决诉讼、仲裁与其他重大或有事项对公司的重大影响，并取得管理层对公司重大诉讼、仲裁和其他重大或有事项情况及其影响的书面声明。

10 券商尽职调查在财务方面应完成哪些工作？

（1）通过考察控制环境、风险识别与评估、控制活动与措施、信息沟通与反馈、监督与评价等基本要素，评价公司内部控制制度是否充分、合理、有效。

（2）通过与公司管理层及员工交谈，查阅公司规章制度等方法，调查公司是否建立会计核算体系、财务管理和风险控制等制度，确保公司财务报告真实可靠及行为合法合规。

（3）通过与公司管理层及员工交谈，查阅董事会、总经理办公会等会议记录，查阅公司规章制度等方法，评价公司是否有积极的控制环境：包括考察董事会是否负责批准并定期审查公司的经营战略和重大决策、确定经营风险的可接受水平；考察高级管理人员是否执行董事会批准的战略和政策，以及高级管理人员和董事会间的责任、授权和报告关系是否明确；考察管理层是否促使公司员工了解公司内部控制制度并在其中发挥作用等。

（4）通过与公司管理层交谈、查阅公司相关规章制度和风险评估报告等，考察管理层为识别和评估对公司实现整体目标有负面影响的风险因素所建立的制度或采取的措施，评价公司风险识别与评估体系的有效性。

（5）通过与公司管理层及主要业务流程所涉及部门的负责人交谈，查阅业务流程相关文件，了解业务流程和其中的控制措施，包括授权与审批、复核与查证、业务规程与操作程序、岗位权限与职责分工、相互独立与制衡、应急与预防等措施。

（6）通过与公司管理层和员工交谈，查阅公司相关规章制度等，评价信息沟通与反馈是否有效，包括公司是否建立了能够涵盖其全部重要活动，并对内部和外部信息进行搜集和整理的有效信息系统，以及公司是否建立了有效的信息沟通和反馈渠道，确保员工能充分理解和执行公司政策和程序，并保证相关信息能够传达到应被传达到的人员。

（7）通过与公司管理层及内部审计部门交谈，采用询问、验证、查阅内部审计报告和监事会报告等方法，考察公司内部控制监督和评价制度的有效性。

（8）调查公司在报告期内的主要会计政策和会计估计是否有针对性地结合了公司的业务特点，是否起到有效防范公司特有财务风险的作用。

（9）调查公司各项基本财务数据的真实性、准确性、完整性和合理性。主要包括应收账款，应付账款，收入，成本，存货，投资，固定资产和折旧，无形资产，资产减值准备，广告费、研发费用、利息费等费用项目，非经常性损益等。

（10）调查公司最近两年的股利分配政策、实际股利分配情况以及公司股票公开转让后的股利分配政策。

（11）调查公司合并财务报表。

（12）调查关联方交易

（13）调查公司历次资产评估情况。

（14）通过调查公司的财务风险，综合评价公司财务风险和经营风险，判断公司财务状况是否良好。可通过以下方法调查公司的财务风险：

（15）核查注册会计师对公司财务报告的审计意见。

11 券商尽职调查在公司业务方面应完成哪些工作?

业务调查主要包括分析公司所处细分行业的情况和风险，调查公司商业模式、经营目标和计划。

公司的商业模式是指公司如何使用其拥有的关键资源，通过有效的业务流程，形成一个完整的运行系统，并通过这一运行系统向客户提供产品或服务，满足客户需求并向客户提供了价值，从而获得收入、利润和现金流。

（1）行业基本情况

（2）公司经营情况

（3）公司竞争优势

（4）公司业务流程

（5）公司收益情况

（6）公司发展规划与风险

12 第三方财务顾问的核心作用是什么?

从以上分析来看，在公司挂牌新三板及其后续融资中，第三方财务顾问的作用并未体现。但在实际运作中，第三方财务顾问的作用举足轻重。

一般来说，由于新三板挂牌的费用较低，主办券商对项目倾注的力量远远低于上市公司 IPO 的情形。尤其在后续定增融资中，由于融资量相对较小，如果投行设计的方案不能充分体现公司的发展前景，则公司的融资价格就会大打折扣。

第三方财务顾问的作用，在于为企业量身打造，全程提供咨询服务。以天阅财富（北京）投资有限公司来说，在挂牌前，即对拟挂牌企业进行诊断，设计最佳的挂牌方案，为企业匹配最佳的融资方案：根据企业情况，决定融资的节奏，对挂牌前、挂牌时、挂牌后的融资，进行情景分析，选择最佳方案。

以天阅财富为例，当企业处于发展的早期，即为企业进行发展战略咨询，根据企业业务特征，为企业设计主营业务发展规划，为企业匹配最佳的资本战略，帮助企业在最需要的时候成功挂牌新三板。

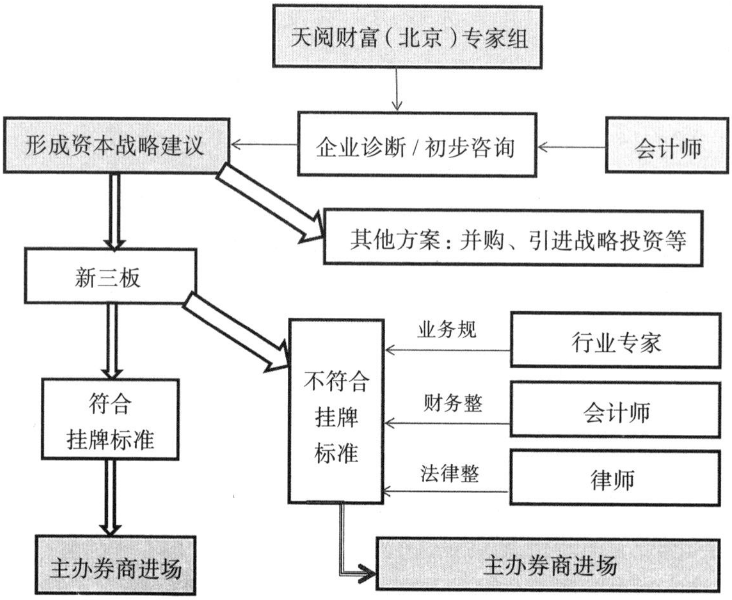

图 4　天阅财富新三板挂牌前服务流程

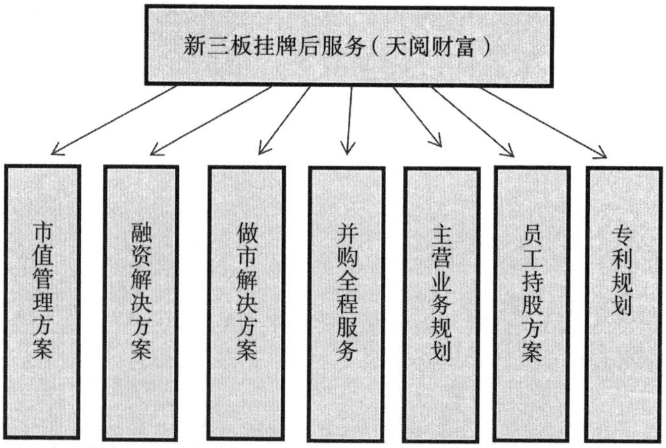

图 5　天阅财富新三板挂牌后服务流程

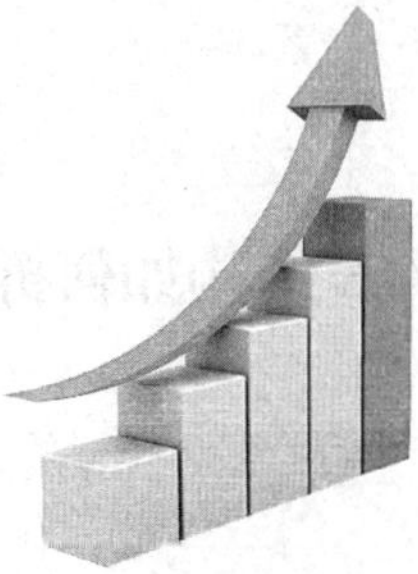

第八篇

新三板挂牌的问题与解决方案

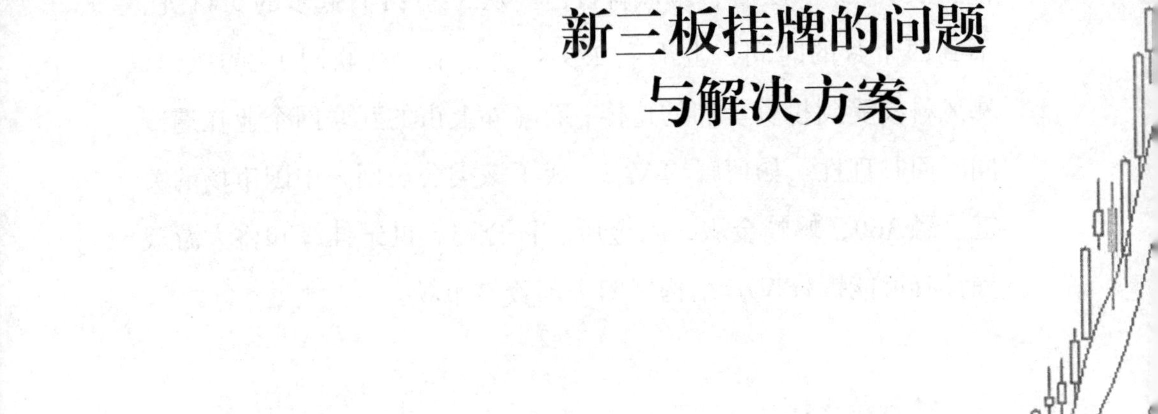

1 VIE 结构如何拆分上新三板

暴风科技站是首个拆 VIE 架构回归 A 股的互联网公司。截止 2015 年 5 月 12 日，暴风科技已经从 3 月 24 日起步的 9.43 元，不到两个月的时间，上涨到 229.87 元。在“互联网 +”的风口，暴风科技受到投资者们的追捧；而境外上市的互联网企业在遇冷同时回归理性。如何解构 VIE，成了该类公司回归中国市场的关键。融 360、蚂蚁金服，陆金所、百合网、世纪佳缘和盛大游戏等都有可能拆分 VIE 结构回归中国资本市场。

什么是 VIE？

VIE，也即 variable interest entity，通常是指境外特殊目的公司通过其在中国的全资子公司（外商独资企业、WFOE）来以协议控制的方式控制一家内资公司，从而实现境外特殊目的公司对内资公司的并表，进而境外特殊目的公司得以基于此在境外融资或上市。用于控制内资公司的协议包括控制权、利润转移协议、股权质押协议等一系列合同。

VIE 的结构模式如下图所示。根据路透社的数据，在纽交所和纳斯达克上市的 200 多家中概股中有 95 家用了 VIE 架构，将近一半的企业都在用 VIE 架构。

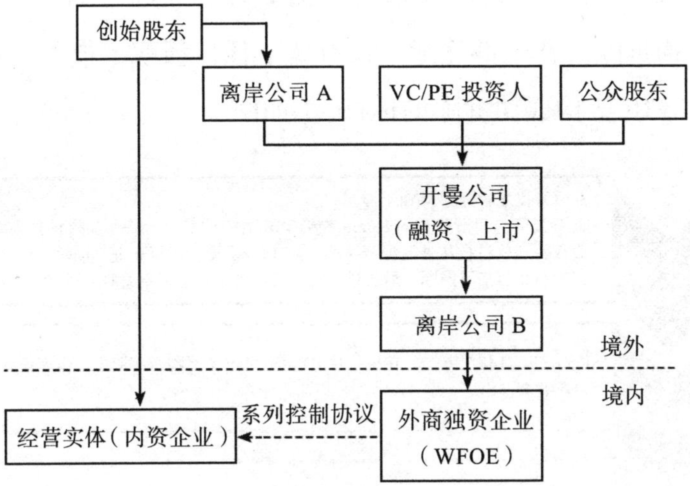

图 6　VIE 控制结构图

为什么要解构 VIE？

为什么要解构 VIE？主要是灰色地带遇监管困局。2015 年年初，商务部出台了《外国投资法》的草案意见征求稿。其中149 条指明了外国投资者、外国投资企业以协议控制在禁止实施目录列明的领域投资、未经许可在限制实施目录列明的领域投资，将进行处罚。草案明确将 VIE 控制协议纳入了境外投资的监管范围。由此看来，收紧对 VIE 的监管成为大势所趋。

回归境内上市，需要完全拆除原有的 VIE 结构。

VIE 架构的拆除是企业重回 A 股的关键性问题。不少互联网企业为尽早获取美元投资，在启动 A 轮融资甚至更早前就开启了 VIE 架构的搭建。2012 年 5 月，暴风科技历时一年半的 VIE 架构拆除工作全部完成，没有留下任何债权、债务后患，也成为了 VIE 架构成功拆除的标杆。（如图）

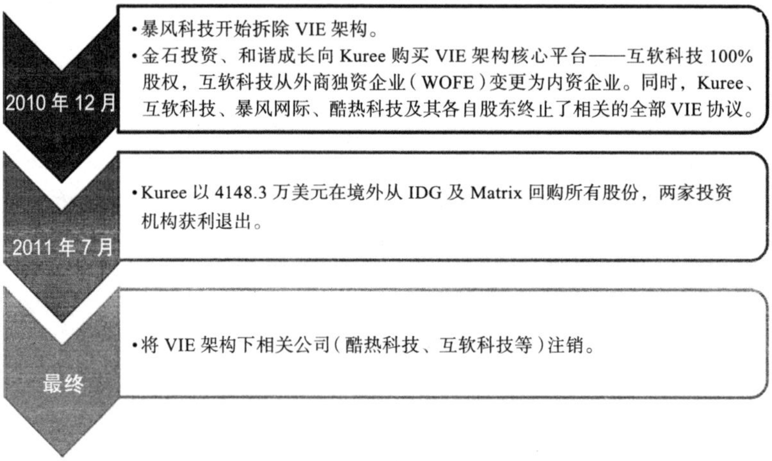

图 7　暴风科技 VIE 架构拆除全过程

VIE 模式的企业拆除架构的核心在于解除实际控制人通过特殊目的公司设立的外商投资企业与境内公司签署的一系列旨在转移利润的协议，需要将外商独资企业变更为内资企业，需要将 VIE 架构下的相关公司进行注销，还涉及从境外资本机构回购股份的问题。

一般来看，VIE 拆分后回归 A 股上市起码需要 2—3 年的时间。如暴风科技从 2010 年 12 月历时一年半上市，在今年 3 月才获得创业板上市。时间跨度还是比较长的。

据报道，深交所的有关负责人表示："创业板将积极研究解决 VIE 架构企业回归 A 股上市中存在的主要障碍，包括允许连续计算 VIE 架构存续期间的经营时间，合并计算 VIE 架构下相关主体的业绩等，以加快此类企业回归境内上市的进程，增强创业板市场的包容性。"如启明星辰在招股书中披露，VIE 架构签署的一系列合同均未实际履行，没有出现导致有限公司控制权和利润转移的情形，所以其并未等待 3 个完整的会计年度才上市，但这需要保荐人和律师的谨慎核实。

按照目前主板和创业板的规定，新三板公司没有利润限制门槛，申报流程短，融资方式灵活，可以较为迅速解决公司融资问题，并且也可以作为今后转板的通道。

过去 20 多年里，政策原因导致中国的优秀互联网企业跑到境外上市。从现在来看，国内资本市场的转型，尤其是新三板市场的蓬勃发展，让不少互联网公司看到了国内上市的新机遇！

2015 年 6 月 4 日，李克强总理在国务院常务会议上提出：将为创业提供税务支持举措，推动特殊股权结构类创业企业在境内上市。这意味着未来 VIE 结构的企业有可能不用拆除 VIE

结构，直接在境内挂牌新三板或上市。

2 同业竞争的问题如何处理?

所谓同业竞争是指挂牌企业的控股股东、实际控制人及其控制的其他企业从事与挂牌企业相同或相似的业务，从而使双方构成直接或间接的竞争关系。具有同业竞争关系的两家公司，尤其是控制与被控制的两家公司之间，控股股东或实际控制人可以任意转移业务与商业机会，会损害挂牌企和中小股东的利益。

企业要挂牌新三板，就必须要采取各种措施消除同业竞争，比变更经营范围、如收购合并、转让股权和业务、停业或注销、签订市场分割协议、划定产品品种或等级或将与拟挂牌公司存在同业竞争的业务委托给拟挂牌公司经营等等。

案例

天房科技（430228）在挂牌前与另一重要股东——腾达楼宇在经营范围行有两处相近其一是“计算机及外围设备、建筑材料批发兼零售”；其二是“计算机网络系统集成服务”。但是，他们的主要客户对象并不交叉重叠，并没有发生事实上的同业竞争情况。为避免将来发生同业竞争的可能，腾达楼宇承诺，将不在中国境内外直接或间接从事或参与任何在上也是对天房科技构成竞争的业务及活动，不以股东身份谋求不正当利益。并在2013年5月30日前，完成对公司的经营范围的修改。2013年5月17日，腾达楼宇变更经营范围事项获得天津市工商行政管理局核准，腾达楼宇变更后经营范围为自动化设备、计算机产品开发、技术咨询（不含中介）服务；办公用品及设备、装饰材料批发兼零售。腾达楼宇变更后经营范围与天房科技不存在相同或相近之处。

阿科力（430605）实际控制人兄弟控制的无锡万博涂料化工有限公司主要生产丙烯酸树脂涂料及聚酯树脂涂料，而阿科力（430605）的部分产品是丙烯酸树脂和聚酯树脂，属于无锡万博的上游产品。无锡万博自设立之初即自主经营，双方在生产技术、上下游关系、资产、人员、机构等方面均完全独立，不存在直接竞争关系。由于国内丙烯酸树脂及聚酯树脂行业从技术、规模等多角度来看均已达到成熟阶段，行业内规模企业较多、产品同质化情况普遍、竞争较为激烈。为避免同业竞争，阿科力（430605）挂牌前实际控制人出具了承诺，2015年前退出丙烯酸树脂、聚酯树脂等相关领域的经营，彻底消除潜在的同业竞争。无锡万博同样出具了避免同业竞争的承诺：本公司目前从未从事或参与同无锡阿科力科技股份有限公司存在同业竞争关系的经营活动。

3 过度依赖单一客户的问题如何处理？

若挂牌企业的营业收入或净利润对于核心大客户依赖程度过高，会致使风险难控，营业收入波动性比较大。对于这样的问题，虽未构成对挂牌新三板的障碍，挂牌企业仍应合理解释原因，如实披露，并作出重大事项披露，采取积极的措施来最大化防御与化解过度依赖大客户的风险。

案例

北京亿创网安科技股份有限公司（亿创网安 430072）对于公司销售客户高度集中的情形，说明书中解释如下：

由于公司经营时间较短，且公司的产品主要销售对象集中在金融系统，从最近三年来看，公司的前五名客户的销售收入占全部销售收入的比例接近 100%，公司对前五名客户有着较强的依赖关系。公司将增加市场开发力度，同时随着公司产品线的日益丰富，预计公司客户范围将有所扩大，从而减少对前五名客户的依赖程度。

4 挂牌公司使用个人银行卡收取货款的问题如何处理?

挂牌公司报告期内的收款方式包括：现金收款、个人卡收款、银行对公账户转账收款和承兑汇票收款。由于报告期内受银行营业时间和办理网点等方面的局限，有些挂牌企业可能会出现使用个人银行卡收取企业和个体经营户的付款。这明显不符合财务规范的要求，对于这类问题，挂牌企业应及时注销个人账户并披露内部控制制度。

案例

在报告期内，美兰股份(430236)及其子公司使用个人银行卡收款，并未将个人银行卡上收取的货款全部转入公司基本户和一般户，存在直接用于公司费用开支或借支给个人的情形，但相关的审批手续完善，支付得到有效控制，不存在未经批准擅自支用的情况；同时用于借出的款项于会计报表日前已归还，不存在公司资产流失及被他人长期占用的情形。为进一步规范收付款管理，公司已于2013年4月24日，将个人卡注销，不再使用个人卡收取货款，所有货款全部打入公司基本户和一般户。

5 有限公司整体变更设立股份公司过程中，自然人股东缴纳个税如何处理？

股份有限公司整体变更时，自然人股东个人所得税处理涉及的相关法律法规包括：

（1）国家税务总局关于股份制企业转增股本和派发红股征免个人所得税的通知（国税发〔1997〕198号）。内容简要如下：

①股份制企业用资本公积金转增股本不属于股息、红利性质的分配，对个人取得的转增股本数额，不作为个人所得，不征收个人所得税。

②股份制企业用盈余公积金派发红股属于股息、红利性质的分配，对个人取得的红股数额，应作为个人所得征税。

（2）国家税务总局关于盈余公积金转增注册资本征收个人所得税问题的批复（国税函发〔1998〕333号）。内容简要如下：

> 你局《关于青岛路邦石油化工有限公司公积金转增资本缴纳个人所得税问题的请示》（青地税四字〔1998〕12号）收悉。经研究，现批复如下：青岛路邦石油化工有限公司将从税后利润中提取的法定公积金和任意公积金转增注册资本，实际上是该公司将盈余公积金向股东分配了股息、红利，股

东再以分得的股息、红利增加注册资本。因此，依据《国家税务总局关于股份制企业转增股本和派发红股征免个人所得税的通知》(国税发〔1997〕198号)精神，对属于个人股东分得再投入公司(转增注册资本)的部分应按照“利息、股息、红利所得”项目征收个人所得税，税款由股份有限公司在有关部门批准增资、公司股东会决议通过后代扣代缴。

(3)国家税务总局关于原城市信用社在转制为城市合作银行过程中个人股增值所得应纳个人所得税的批复。(国税函〔1998〕289号)

重庆市地方税务局：

你局《重庆市地方税务总局关于重庆市信用社在转制为重庆城市合作银行过程中个人股增值所得应纳个人所得税问题的请示》(渝地税发〔1998〕88号)收悉。经研究，现批复如下：一、在城市信用社改制为城市合作银行过程中，个人以现金或股份及其他形式取得的资产评估增值数额，应当按“利息、股息、红利所得”项目计征个人所得税，税款由城市合作银行负责代扣代缴。二、《国家税务总局关于股份制企业转增股本和派发红股征免个人所得税的通知》(国税发〔1997〕198号)中所表述的“资本公积金”是指股份制企业股票溢价发行收入所形成的资本公积金。将此转增股本由个人取得的数额不作为应税所得征收个人所得税。而与此不相符合的其他资本公积金分配个人所得部分，应当依法征收个人所得税。

（4）《国家税务总局关于企业股权投资业务若干所得税问题的通知》（国税发〔2000〕118号）规定："除另有规定者外，不论企业会计账务中对投资采取何种方法核算，被投资企业会计账务上实际做利润分配处理（包括以盈余公积和未分配利润转增资本）时，投资方企业应确认投资所得的实现。"

（5）《国家税务总局关于促进科技成果转化有关税收政策的通知》（财税字〔1999〕45号）第一条规定："科研机构、高等学校转化职务科技成果以股份或出资比例等股权形式给予科技人员个人奖励，经主管税务机关审核后，暂不征收个人所得税。"

案例

普华科技（430238）整体变更时以审计净资产扣除自然人股东缴纳所得税后的净资产为基础折股。

2012年12月20日，普华有限股东包晓春等34人作为发起人股东，共同签署《上海普华科技发展股份有限公司发起人协议》，决定以普华有限截至2012年9月30日，经审计的所有者权益（净资产）人民币41,988，791.31元，扣除个人所得税人民币4,970,915.75元后的37,017,875.56元为基准，按照1:0.8104

的比例，折成总股本3,000万股，上海普华科技发展有限公司整体变更设立上海普华科技发展股份有限公司。

有限公司整体变更设立股份公司过程中，自然人股东需要缴纳个人所得税。由于公司所有发起人股东均为自然人，公司系以经审计的净资产扣减由于普华有限整体变更设立股份公司所应缴纳的个人所得税后的净资产为基准折股，因此上述方案中，股本乘以折股系数小于变更前经审计的净资产。

6 新三板企业资产入账如何处理?

运行规范，是企业挂牌新三板的一项基本要求，当然也包括财务规范。拟挂牌企业，特别是民营企业，在会计基础方面存在两个方面的问题，一方面是有“规”不依，记录、凭证、报表的处理不够规范，甚至错误，内容上无法衔接或不够全面；另一方面是“内外”不一，由于存在融资、税务等多方面需求，普遍存在几套帐情况。这不仅让企业的运行质量和外在形象大打折扣，还势必影响好企业挂牌，当然更会影响企业今后的IPO。建议严格执行相关会计准则，充分认识到规范不是成本，而是收益，养成将所有经济业务事项纳入统一的一套报账体系内的意识和习惯。新三板企业资产入账时，发票并不是会计确认必需的凭据，仅仅是税法要求的凭据之一。

案例

1. 通过审计事务所进行审计或资产评估，据评估报告入账（蓝天环保 430263）。

2008 年 9 月，公司在与金隅嘉业房地产公司洽谈供暖运营项目期间，了解到金隅集团下属的北京金海燕物业管理有限公司拟处置部分锅炉资产，因对方无法提供发票，故公司总经理潘忠以个人名义出资购买并投入公司使用。由于公司当时会计核算欠规范，对此次由潘忠购入并投入公司使用的锅炉设备未作任何账务处理。

2012 年 9 月，公司在筹备股票在全国中小企业股份转让系统挂牌事宜过程中，相关中介机构对公司固定资产进行盘点时发现了该账实不符问题。经讨论协商，决定聘请专业评估机构进行评估后由公司向潘忠购买该批资产。2012 年 10 月 15 日公司第一届董事会第四次会议和 2012 年 10 月 31 日公司 2012 年第四次临时股东大会通过的决议，同意向股东潘忠购买锅炉等相关设备，交易价格以评估值为准。根据北京正和国际资产评估有限公司 2012 年 12 月 7 日出具的正和国际评报字（2012）第 379 号《资产评估报告》，上述锅炉设备的评估价值为 139.36 万元。

公司与股东潘忠的上述设备买卖已按照《公司章程》等内部制度履行了必要的决策程序；交易价格依据评估价值确定，价格公允，不存在损害公司及其他股东利益的情况。

2. 找到原购买单位取得发票复印件附加一个说明入账。

国税发〔2002〕10号文件对增值税发票的丢失情况明确规定：

一般纳税人丢失防伪税控系统开具的增值税专用发票，如果该发票丢失前未通过防伪税控认证系统的认证，购货单位应凭销货单位出具的丢失发票的存根联复印件到主管税务机关进行认证，认证通过后可凭该发票复印件及销货方所在地主管税务机关出具的“增值税一般纳税人丢失防伪税控开具增值税专用发票已抄报税证明单”，经购货单位主管税务机关审核批准后，作为增值税进项税额抵扣的合法凭证抵扣进项税额。

7 出资实物所有权已转移如何确认？

用于现物出资的标的物必须能以某种公平的方法评估折价，换算为现金，这是因为现物出资的对价为股份或出资额，如不能换算为现金，则无法给付股份或确定其在资本总额中的比例。

《公司法》第27条规定，股东可以用实物出资。一般来讲，可以用于出资的实物应具备以下条件或特征：

1. 该实物可以通过估价对其价值进行评估和计算

2. 该实物是可以依法转让的

3. 该实物对被投资公司应具有有益性

4. 该实物上未设担保

案例

1. 工商管理部门书面确认以人力资源和管理资源出资符合地方管理规定。

2. 以人力资源和管理资源出资对实物出资进行置换（联动设计 430266）。

公司设立时，股东黄万良、朱桂兰、任德才、黄玉娇以人力资源出资 340 万元。公司设立时，武汉留创园以管理资源出资 10 万元。为规范公司历史出资中存在的人力资源出资、管理资源出资等事项，公司于 2012 年 10 月向武汉市工商行政管理局东湖新技术开发区分局提交了情况说明。2012 年 10 月 20 日，武汉市工商行政管理局东湖新技术开发区分局作出《关于指定武汉中天奇会计师事务所有限公司对武汉联动设计工程有限公司实收资本进行验资的函》，指定中天奇对有限公司实收资本进行验资。中天奇于 2012 年 10 月 22 日出具《关于武汉联动设计工程有限公司截至 2012 年 10 月 19 日止历次出资验资复核报告》（武奇会专审字〔2012〕第 001 号），验证 :2003 年 7 月 8 日股东第一次出资中，管理资源出资 10 万元、人力资源出资 340 万元，共计 350 万元是依照武汉东湖开发区管理委员会文件武新管综〔2001〕10 号文件出资 ;2004 年 7 月 5 日股东第二次出资中实物出资 382

万元，由于时间久远，无法获取相关原始资料证明出资实物所有权已转移至公司。为规范上述情况，公司股东以货币出资对人力资源出资、管理资源出资、实物出资进行了置换。

8 无形资产出资出现瑕疵时如何处理?

企业挂牌新三板时，有限责任公司需要改制为股份有限公司。而拟挂牌企业多为高新技术企业，很多高新技术企业都是有技术人员创办，无形资产出资方式非常常见。对于无形资产折股时，必须要注意责任企业无形资产是否评估合理、是否属于职务发明、是否与主营业务有关、是否未过户至企业、有无权属争议、比例是否超出法律规定等问题。当无形资产出资出现瑕疵时，应当及时有效解决，以保证改制挂牌顺利进行。

案例

2011年11月，金日创（430247）股东付宏实、李喜钢、李皎峰以其拥有的非专利技术“热电厂水处理控制系统”对公司进行增资，并以该非专利技术截止至评估基准日2011年11月15日的评估价值500万作为出资金额。此次股东用作增资的非专利技术存在可能被认定为职务成果的问题。由于投入该项非专利技术的股东付宏实为公司董事长兼总经理，股东李喜钢为公司董事，李皎峰为公司董事、副总经理，该技术与公司主营业务具有较大的相关性，因此存在该项技术被认定为上述股东在公司任职期间的职务成果，其权属属于公司造成出资不实的风险。因此，为维护股东的利益，彻底规范公司的出资行为，上述股东决定以现金形式对该无形资产出资进行置换，在法律程序上采取了先减资后增资的形式。减资完成后，非专利技术的所有人付成宏、李喜钢和李皎峰同意将该非专利技术无偿转让给公司，并由公司享有无形资产的所有权，从而通过了新三板的审核。

9 股份公司发起人未签订发起人协议如何处理？

有限责任公司需要改制成为股份有限公司才可在新三板挂牌。股份有限公司的发起人就改组后的公司的宗旨、经营范围及应承担的责任等有关方面进行商讨，签订发起人协议。挂牌公司改制时若未签订发起人协议，需要及时发表声明进行披露。

案例

易同科技（430258）的发起人当时未签订发起人协议，2013年3月10日，全体发起人出具了《关于公司整体变更的声明》，声明“有限公司的所有资产、业务、债权、债务及其他一切权益、权利和义务，自有限公司变更登记为股份公司之日起由公司承继。有限公司自2009年1月1日至股份公司完成变更登记之日止的经营损益由各发起人按照其持股比例承担或享有。发起人之间没有发生有关公司整体变更事项的争议，发起人认可公司整体变更的有效性，未来不就公司整体变更相关事项发生争议。”

10 发生关联交易时对公司财务如何处理?

关联交易是指公司或其附属公司与在本公司直接或间接占有权益、存在利害关系的关联方之间所进行的交易。关联交易既可以节约大量商业谈判等方面的交易成本，并可运用行政的力量保证商业合同的优先执行，从而提高交易效率，也可以运用行政力量撮合交易的进行，从而使交易的价格、方式等出现不公正情况，形成对股东或部分股东权益的侵犯，也易导致债权人利益受到损害。新三板对于关联交易的审查非常严格，因此，拟挂牌企业若存在关联交易的情况，应当及时解决并披露。

案例

天津宝恒（430299）在报告期内公司与关联方恒鑫阀门存在

关联方交易行为，为减少关联方交易，关联方恒鑫阀门进行了资产清算，并将清算后的剩余资产由挂牌公司购买。挂牌公司于2012年11月份累计向恒鑫阀门购买固定资产21.82万元、存货115.84万元，合计金额为137.66万元；交易价格按照上述资产账面价值或成本价确定。恒鑫阀门员工已解除与恒鑫阀门的劳动合同，多数员工被挂牌公司聘用，并签订新的劳动合同，恒鑫阀门原从事的阀门业务已不再开展，与此业务相关的人员已进入挂牌公司工作。

11 盈余公积转增股本未按照股东持股比例转增如何处理?

盈余公积是指企业按照规定从净利润中提取的各种积累资金。盈余公积根据其用途不同分为公益金和一般盈余公积两类。

公益金专门用于公司职工福利设施的支出，如购建职工宿舍、托儿所、理发室等方面的支出。2005年《公司法》取消了提取公益金的强制性要求。

在现行公司法制度下，一般盈余公积分为两种：一是法定公积金。公司的法定公积金按照税后利润的10%提取，法定公积金累计额已达注册资本的50%时可以不再提取。二是任意公积金。任意公积金主要是公司按照股东大会的决议提取。法定公积金和任意公积金的区别就在于其各自计提的依据不同。前者以国家的法律或行政规章为依据提取；后者则由公司自行决定提取。

案例

1. 披露程序合规。

2. 按照股东大会的决议提取（威林科技 430241）。

2003 年 6 月 4 日，有限公司股东会通过决议，同意增加注册资本 300 万元，其中王渝斌增资 91.605 万元（货币增资 86.925 万元、公积金转增出资 4.68 万元）、刘忠江增资 59.605 万元（货币增资 47.025 万元、公积金转增出资 2.58 万元）、苏伯平增资 59.605 万元（货币增资 47.025 万元、公积金转增出资 2.58 万元）、丁岩峰增资 59.605 万元（货币增资 47.025 万元、公积金转增出资 2.58 万元）、刘少明增资 59.605 万元（货币增资 47.025 万元、公积金转增出资 2.58 万元）、新股东王长清货币出资 9.975 万元，并通过了公司章程修正案。

2003 年 6 月 23 日，湖北大华有限责任会计师事务所出具了鄂华会事验字〔2003〕A 第 121 号《验资报告》，对本次增资进行了审验。转增后，盈余公积为 1,113,776.95 元，所留存的该项公积金不少于转增前公司注册资本的百分之二十五，符合 1993 年《公司法》第 179 条的规定。

有限公司本次以盈余公积转增股本未按照股东持股比例转

增，其中王渝斌转增比例高于其持股比例，则其他股东的转增比例低于其持股比例。经主办券商及律师核查，本次决定以盈余公积转增股本的股东会决议是经全体股东一致同意表决通过，全体股东均在决议上签名确认。主办券商及律师认为，经有限公司全体股东一致同意，有限公司不按照股东的持股比例以盈余公积转增股本是股东意思自治的体现，本次以盈余公积转增股本过程及结果合法有效，不存在法律纠纷及风险。

12 对公司是否符合“依法设立”的挂牌条件发表意见如何处理?

公司的依法设立主要是指设立程序而言，即公司的设立必须依据法定的程序办理相关的登记手续，领取公司法人营业执照，有的公司如商业银行、保险公司、证券公司等的设立还需经审批程序。凡在我国境内设立的公司，必须依照我国公司法、公司登记管理条例及其他相关法律、法规所规定的条件和程序设立。公司法第 6 条规定：“设立公司，应当依法向公司登记机关申请设立登记。符合本法规定的设立条件的，由公司登记机关分别登记为有限责任公司或者股份有限公司；不符合本法规定的设立条件的，不得登记为有限责任公司或者股份有限公司。

案例

1. 请主办券商和律师核查（昌盛股份 430503）。

请主办券商和律师核查在公司的初始设立、股权转让和整体变更设立股份公司的过程中，是否涉及国有资产出资，是否需要履行相应的国资审批备案程序。

经主办券商和律师核查，对照双环集团与昌盛电子的历史沿革可知，公司 1990 年 4 月设立时经历的审批备案程序已通过主管部门同意、计划部门对于合资经营项目的批准、外资管理部门同意以及省级政府批准，符合当时的法律法规的规定，系依法设立。

2. 全体发起人出具《关于公司整体变更的声明》（易同科技 430258）。

股份公司发起人当时未签订发起人协议，2013 年 3 月 10 日，全体发起人出具了《关于公司整体变更的声明》，声明“有限公司的所有资产、业务、债权、债务及其他一切权益、权利和义务，自有限公司变更登记为股份公司之日起由公司承继。有限公司自 2009 年 1 月 1 日至股份公司完成变更登记之日止的经营损益由各发起人按照其持股比例承担或享有。发起人之间没有发生有关公司整体变更事项的争议，发起人认可公司整体变更的有效性，未来不就公司整体变更相关事项发生争议。”

13 股东以无形资产评估出资时要注意什么？

实践中上新三板的企业多为高新技术企业，很多企业创立时存在股东以无形资产评估出资的情况。

（1）无形资产是否属于职务发明如属于职务发明，则涉嫌出资不实问题，需要用现金替换无形资产出资。

（2）无形资产出资是否与主营业务相关

实践中，有些企业创始股东购买与公司主营业务无关的无形资产通过评估出资至公司，但是主营业务从未使用过该无形资产，则该等行为涉嫌出资不实，需要通过现金替换无形资产出资。

（3）无形资产出资未过户至企业

实践中，有些企业股东拿无形资产出资至公司，但是并未办理过户手续。

案例

风格信息（430216）出资超比例问题：寻找法律依据，不符合旧公司法，但符合当时的地方法规（在旧公司法后出台）；出资未评估问题：追溯评估，股东会确认。

（1）相关法律法规

公司设立时有效的《公司法》（1999 年修正）第 24 条第 2 款

规定，“以工业产权、非专利技术作价出资的金额不得超过有限责任公司注册资本的百分之二十，国家对采用高新技术成果有特别规定的除外”。

上海市工商行政管理局2001年出台的《关于鼓励软件产业和集成电路产业发展促进高新技术成果转化的若干实施意见》（沪工商注〔2001〕第97号）第2条规定“科技型企业、软件和集成电路的生产企业可以高新技术成果和人力资本、智力成果等无形资产作价投资入股。①以高新技术成果作价投资入股可占注册资本的35.00%，全体股东另有约定的，可从其约定；②无形资产可经法定评估机构评估，也可经全体股东协商认可并出具协议书同意承担相应连带责任，或经高新技术成果转化办公室鉴证后由验资机构出具验资报告。”《上海市工商行政管理局关于印发〈关于张江高科技园区内内资企业设立登记的实施细则〉的通知》（沪工商注〔2001〕第334号）同样就高新技术成果作价出资可占到注册资本的35.00%进行明确规定。

（2）公司以高新技术成果出资情况

2004年8月6日，公司召开股东会并作出决议，同意股东惠新标以高新技术成果——嵌入式数字电视ASI码流监视设备作价70.00万元出资，占注册资本的35.00%。2004年8月11日，上海市张江高科技园区领导小组办公室出具《关于批准嵌入式数字电视ASI码流监测设备项目评估合格的函》（沪张江园区办项评字〔2004〕012号）认定为上海市高科技园区高新技术成果转化项目，所有者为惠新标。2004年8月11日，上海申洲会计师事务所有限公司出具《验资报告》（沪申洲〔2004〕验字第552号）验证，截至2004年8月10日止，有限公司以高新技术成果—嵌入式数字电视ASI码流监视设备出资的70.00万元已完成转移手续。

2005年3月18日，张江高科技园区领导小组办公室评估认定“嵌入式数字电视ASI码流监测设备”评估价值为210.00万元。2005年4月20日，上海市高新技术成果转化项目认定办公室颁发证书认定“嵌入式数字电视ASI码流监测设备为上海市高新技术成果转化项目，权属单位为上海风格信息技术有限公司”，该项目可享受《上海市促进高新技术成果转化的若干规定》有关优惠政策。2012年11月9日，上海众华资产评估有限公司出具《惠新标个人所拥有的部分资产追溯性评估报告》（沪众评报字〔2012〕第357号），确认“嵌入式数字电视ASI码流监视设备于评估基准日2004年8月11日的市场价值为71.6059万元”。

2012年11月15日，股份公司召开2012年第三次临时股东大会通过《关于上海风格信息技术股份有限公司设立时以高新技术成果、人力资源出资的议案》，确认有限公司设立时股东出资真实到位，不存在虚假出资、出资不实等情况，有限公司或股份公司的出资或股权不存在纠纷或潜在纠纷。

（3）结论

上海市工商行政管理局为鼓励软件企业发展设置了宽松的

企业出资和注册登记政策。有限公司设立时以高新技术成果出资的比例和程序虽不符合当时《公司法》的相关规定，但符合国务院关于印发《鼓励软件产业和集成电路产业发展的若干政策》的通知（国发〔2000〕18 号）的精神和上海市工商行政管理局 2001 年出台的《关于鼓励软件产业和集成电路产业发展促进高新技术成果转化的若干实施意见》（沪工商注〔2001〕第 97 号）的规定，同时也符合现行《公司法》关于无形资产出资比例的要求。另外，上述高新技术成果出资经上海众华资产评估有限公司追溯评估，其价值并未被高估，并已全部转移至公司。因此，该部分出资真实到位，不存在虚假出资、出资不实等情况。

14 公司改制转增股本是否需要代缴所得税？

大部分情况下的改制，公司注册资本都会有所提高，转增股本的同时是否需要缴纳所得税要视情况而定。用盈余公积和未分配利润转增股本是需要代为缴纳个人所得税的；用资本公积转增股本可以不用代缴所得税，因此公司通常更愿意用资本公积转增股本。但需要注意的是，并非所有资本公积都可以转增股本，通常只有“资本溢价”可以转增股本，而像资产评估增值记入的“其他资本公积”、“股权投资准备”，以及“接收捐赠资产”、

“外币资本折算差额”等则不可以转增股本。

案例

润田股份转增股本方案。以公司现有总股本33,000,000.00股为基数，向全体股东每10股转增5.151515股，转增股本前总股本为33,000,000.00股，转增股本后总股本增至50,000,000.00股。因公司资本公积是由企业改制时的未分配利润形成，本次转增股本总金额为2125万元，其中由公司代缴个人所得税425万元，计入实收股份的金额为1700万元。

15 公司改制时自然人股东和法人股东在所得税缴纳方面有何区别？

（1）自然人股东

资本公积转增股本时不征收个人所得税；

盈余公积及未分配利润转增股本时应当缴纳个人所得税；

（2）法人股东

资本公积转增股本时不缴纳企业所得税；

盈余公积及未分配利润转增股本虽然视同利润分配行为，但法人股东不需要缴纳企业所得税；但是如果法人股东适用的所得税率高于公司所适用的所得税率时，法人股东需要补缴所得税的差额部分。

案例

甲企业原账面资产总额8000万元，负债3000万元，所有者权益5000万元，其中：实收股本1000万元，资本公积、盈余公积、未分配利润等盈余积累合计4000万元。假定多名自然人投资者（新股东）向甲企业原股东购买该企业100%股权，股权收购价4500万元，新股东收购企业后，甲企业将资本公积、盈余公积、未分配利润等盈余积累4000万元向新股东转增实收资本。

在新股东4500万元股权收购价格中，除了实收资本1000万元外，实际上相当于以3500万元购买了原股东4000万元的盈余积累，即：4000万元盈余积累中，有3500万元计入了股权交易价格，剩余500万元未计入股权交易价格。甲企业向新股东转增实收资本时，其中所转增的3500万元不征收个人所得税，所转增的500万元应按“利息、股息、红利所得”项目缴纳个人所得税。

16 挂牌企业在税收问题上应重点注意哪些方面?

税务问题是企业改制上市过程中的重点问题。

在税务方面，中国证监会颁布的主板和创业板发行上市管理办法均规定：发行人依法纳税，各项税收优惠符合相关法律法规的规定，发行人的经营成果对税收优惠不存在重大依赖。

企业执行的税种、税率应合法合规。对于税收优惠，应首先关注其合法性，税收优惠是否属于地方性政策且与国家规定不符，税收优惠有没有正式的批准文件。对于税收优惠属于地方性政策且与国家规定不一致的情况，根据证监会保荐代表人培训提供的审核政策说明，寻找不同解决办法。

此外还应注意，纳税申报是否及时，是否完整纳税，避税行为是否规范，是否因纳税问题受到税收征管部门的处罚。

17 土地取得方式与证载信息不一致如何处理?

土地取得方式与证载信息不一致时，拟挂牌企业应当合理解释出现该差异的原因，并如实披露，以保证挂牌顺利通过。

案例

成科机电（430257）所涉土地使用权的证载土地使用类型为“作价入股”，实质均为公司通过“转让”、“购买”获得。其原因是在公司办理前述土地权属变更登记过程中引用了原权属人海泰集团取得该宗地的方式，而实质上，是公司向海泰集团支付土地转让金合法取得和购买地上建筑物所分摊获得。

2005年1月，成科机电与海泰集团签订《国有土地使用权转让合同》，海泰集团将位于天津滨海高新技术产业开发区华苑产业区（环外部分）55号地块，宗地编号：园2004–002，面积11253.0平方米的土地使用权转让给成科机电。该宗工业用地的土地使用权转让期限为50年，土地使用权转让金2,531,925元人民币。截至2005年8月，成科机电已全额支付了2,531,925元土地转让金，即该宗地系成科机电通过支付土地转让金方式合法取得。

2012年成科机电购置位于天津滨海高新区华苑产业区（环外）海泰发展五道16号B–4号楼–1–201、202的办公室所分摊的土地使用权。

经调查，公司律师认为，海泰集团大宗土地来源系作价入股取得后，成科机电根据与海泰集团签订的《国有土地使用权出让合同》依法有偿取得天津滨海高新技术产业开发区天津华苑产业区海泰发展一路6号的土地使用权并缴纳了土地使用权转让款，成科机电取得土地使用权合法有效。海泰集团未以土地使用权作价入股成科机电，成科机电土地使用权登记信息与实际情况不符，不构成对成科机电的潜在的法律风险。

18 有外籍股东，但未申请设立外商投资企业如何处理？

解决方案

1. 外籍股东退出；

2. 现有股东承诺承担连带责任；

3. 工商管理部门出具证明。

案例：网动科技 430224

2009 年 2 月，公司股东马滨与股东李明及北京网动科技有限公司共同设立有限公司，公司设立时马滨已具有澳大利亚国籍，但因其对外商投资法律制度缺乏了解，因此投资事项未申请设立外商投资企业。依据讯网天下设立时的《内资企业设立登记（备案）审核表》及北京市工商局海淀分局颁发的营业执照，公司的性质为内资企业。2012 年 6 月，马滨于讯网天下减资时退出了该公司，马滨以外籍身份出资设立有限责任公司并持有讯网天下股权的法律瑕疵因此得到消除。

股份公司现有股东已出具承诺函，承诺：本公司前身北京讯网天下科技有限公司成立时，其股东马滨已取得澳大利亚国籍，马滨以外籍身份出资设立有限责任公司并持有讯网天下股权，其股东资格存在法律瑕疵。该问题已因马滨于讯网天下2012年6月减资时退出了该公司而得到消除。如政府主管机关因马滨以外籍身份设立有限责任公司并持有有限公司股份的股东资格法律瑕疵对本公司进行处罚，将由公司现有股东最终按现有持股比例承担公司因此受到的全部经济损失，该等责任为连带责任，无需公司承担任何费用。

马滨在有限公司设立时的股东资格法律瑕疵已因马滨于讯网天下2012年6月减资时退出了该公司而得到消除。2012年11月15日，北京市工商行政管理局海滨分局出具《证明》：证明公司近两年没有因违反工商行政管理法律法规受到查处的记录。马滨在有限公司设立时的股东资格法律瑕疵不会对公司的持续经营、申请挂牌的主体资格产生实质性影响。

19 新三板公司对赌协议如何处理？

由于新三板公司股权相对集中，控股股东对公司的控制力往往极大，附加在控股股东上的责任义务很难说就真的不会影响到公司。新三板全国性的扩容，在公司挂牌备案或是已挂牌公司定向增发的过程中浮现了不少的对赌协议，比较显著的有以下一些案例：

案例一：与股东对赌回购

2014年3月27日，皇冠幕墙（430336）发布定向发行公告，公司定向发行200万股，融资1000万，新增一名股东天津市武清区国有资产经营投资公司（以下简称武清国投），以现金方式全额认购本次定向发行的股份。

同时披露的还有武清国投与公司前两大股东欧洪荣、黄海龙的对赌条款，条款要求皇冠幕墙自2014年起，连续三年，每年经审计的营业收入保持15%增幅；如触发条款，武清国投有权要求欧洪荣、黄海龙以其实际出资额1000万+5%的年收益水平的价格受让其持有的部分或者全部股份。完成定向发行后，欧洪荣、黄海龙以及武清国投所占公司股份比例分别为：46.609%、28.742%以及4.334%。

项目律师就该回购条款的合法合规性发表意见：上述条款为皇冠幕墙的股东、实际控制人欧洪荣、黄海龙与武清国投附条件股份转让条款，双方本着意识自治的原则自愿订立，内容不影响皇冠幕墙及其他股东的利益，条款合法有效。假使条件成就，执行该条款，股份变更不会导致皇冠幕墙的控股股东、实际控制人发生变化，不影响挂牌公司的持续稳定经营。

分析：

1. 对赌协议签署方为控股股东与投资方，不涉及上市主体；

2. 即使触发对赌协议，对于公司的控制权不产生影响，进而说明不影响公司的持续经营。

案例二：挂牌成功后解除对赌

2014 年 1 月 22 日，欧迅体育披露股份公开转让说明书，公开转让说明书显示，2013 年 5 月 23 日公司进行第三次增资时，新增股东上海屹和投资管理合伙企业（有限合伙）、上海鼎宣投资管理合伙企业（有限合伙）、上海棕泉亿投资合伙企业（有限合伙），上述股东合计以 850 万元认缴新增注册资本 13.333 万元。

增资同时上述新增股东与欧迅体育实际控制人朱晓东签署了现金补偿和股权收购条款，对业绩的约定为：① 2013 年年度经审计的扣除非经常性损益的净利润不低于人民币 760 万元；② 2014 年年度经审计的扣除非经常性损益的净利润不低于人民币 1140 万元；③ 2013 年和 2014 年两年的平均利润扣除非经常性损益的净利润不低于人民币 950 万元。

但同时也约定在欧迅体育向全国中小企业股份转让系统有限责任公司提交新三板挂牌申请之日起，投资人的特别条款自行失效，投资人依该等条款所享有的特别权利同时终止。增资完成后，控股股东朱晓东，新增资三家投资机构股份占比分别为：65.7%、5.88%、3.53%、0.59%。

律师认为投资协议的签署方为控股股东朱晓东和新增投资机构，对欧迅体育并不具有约束力，投资协议中并无欧迅体育承担义务的具体约定。此外，触发条款的履行将可能导致实际控制人朱晓东所持有的欧迅体育的股权比例增加或保持不变，不会导致欧迅体育控股股东、实际控制人的变更。

分析：

1. 对赌协议签署方为控股股东与投资方，不涉及上市主体；

2. 新增股东所持有公司的股份不会影响公司的控制权；

3. 双方同时约定，挂牌成功时解除协议双方的权利和义务，消除了股权不确定的可能性。

案例三：公司分红现金补偿

2014年1月22日，易世达披露股份公开转让说明书，公开转让说明书显示，2012年3月易世达完成了一轮增资，引入2名机构投资者，其中，钟山九鼎以货币资金1,648.75万元，认缴152.37万元注册资本；湛卢九鼎以货币资金851.25万元，认缴78.67万元注册资本。增资完成后易世达占股前两位股东及新增股东的占股比例为：52.27%、24.60%、9.76%、5.04%。

增资同时，新增股东与占股前两位股东段武杰、周继科签署对赌协议，约定公司在2011至2013年间，净利润分别不得低于2,500万元、3,300万元、4,300万元，同时2012年、2013

年实现净利润累计不低于7,600万元，如未能达成，将对投资方进行现金补偿，如股东现金补足，则要求易世达进行分红以完成补偿。

同时也约定了退出机制：若易事达2014年6月30日前未提交发行上市申报材料并获受理；2014年12月31日前没有完成挂牌上市；且2011年实现净利润低于2000万元，或者2012年实现净利润低于2600万元，或者2013年实现净利润低于3400万元，新增投资机构有权选择在上述任一情况出现后要求公司及段武杰、周继科以约定价款回购或购买其持有的全部或部分易事达股权。

2013年为了不影响易世达在新三板挂牌，对赌协议双方分别发表承诺并签署补充协议，补充协议主要包括：①当易世达向全国中小企业股份转让系统申报挂牌材料之日起豁免对赌协议所约定的责任和义务；②当易世达向全国中小企业股份转让系统申报挂牌材料之日起投资方放弃可以要求公司及原股东回购或受让投资方所持有股份的权利；③投资方转让所持公司股份是，价格不低于经审计的每股净资产；④若易世达未能挂牌，补充协议约定放弃的权利自动恢复。

控股股东承诺内容为：承诺全部承担增资方基于《增资补充协议》提出的一切包括但不限于支付业绩补偿、差额补偿及/或转让股份的责任与义务，确保公司及其他股东不因上述《增资补充协议》的履行而遭受任何损失。

投资方承诺内容为：根据《增资补充协议》，当增资方向第三方转让股权时，根据买方需要，可要求易事达股东段武杰、周继科也以增资方转让的同等条件转让一部分股权。对此，增资方承诺自公司向股转公司报送申请材料之日起放弃上述权利。

根据券商核查，由于在2012年未能完成业绩约定以及2013年可能不能完成业绩约定，截至2014年3月，大股东段武杰、周继科需向增资方支付的补偿金额合计2,712.38万元至2,991.45万元之间。

中介机构通过对大股东的自由资产进行核查，根据公司股权结构、利润分配政策、累计未分配利润数量以及公司持有现金状况，分析大股东可通过现金分红的形式获得的金额。证明公司股东段武杰、周继科能够在不对公司股权结构产生不利影响的前提下通过自有资金及获取公司分红偿付相关对赌约定款项。同时根据补充协议的约定，在挂牌时解除了协议双方的责任与义务。

分析：

1. 本案例协议方涉及到挂牌主体（约定了公司的回购义务），但是在挂牌时通过补充协议解除了该项义务；

2. 挂牌前已经触发了对赌协议条款，中介机构通过大股东的支付能力的分析，说明对挂牌主体的控制权、持续经营能力等不产生影响。

3. 大股东出具承诺将通过自有资金、现金分红或自筹资金的方式偿还上述业绩补偿等款项，确保不因支付上述业绩补偿等款项而转让其持有的公司股份。增资方亦承诺放弃在其向第三方转让股份时要求股东段武杰、周继科同时转让股份的权利。

根据现有已挂牌公司所包含对赌协议的分析，可以看出，区别于证监会对于拟上市公司的一刀切态度，股转公司在一定程度上接受对赌协议的存在，对于已挂牌公司的定向增资中包含的对赌协议，也在一定条件下允许存在。

可容忍的范围体现在：

1. 对赌协议的协议方不能包含挂牌主体，对于可能损害挂牌主体的条款也需要进行清理；

2. 由控股股东和投资方进行的对赌协议是可以被认可的；

3. 已存在的对赌协议，能在挂牌的同时解除责任和义务最好，不能解除的，中介机构需要分析说明触发对赌条款时，协议方履行义务不会对挂牌主体的控制权，持续经营能力等挂牌必要条件产生影响，以确保不损害公司及其他股东的权利和利益。

后话：虽说已挂牌公司对赌协议要么在挂牌前进行了清理，或者解除了部分义务，或者由大股东签署协议，进行了兜底承诺，在一定程度上撇清了同上市主体的直接关系，但是，由于新三板公司股权相对集中，控股股东对公司的控制力往往极大，附加在控股股东上的责任义务很难说就真的不会影响到公司，这里面所包含的道德风险和合法合规风险还是存在的。

只是，作为中介，我们还是希望企业家能够更加慎重的考虑投资者的引入。话说，如果易世达大股东的偿付能力如分析所说那样强的话，那当初引入投资者的目的何在？一家之言，请阅者不必介意。

国务院关于全国中小企业股份转让系统有关问题的决定

国发〔2013〕49号

各省、自治区、直辖市人民政府，国务院各部委、各直属机构：

为更好地发挥金融对经济结构调整和转型升级的支持作用，进一步拓展民间投资渠道，充分发挥全国中小企业股份转让系统（以下简称全国股份转让系统）的功能，缓解中小微企业融资难，按照党的十八大、十八届三中全会关于多层次资本市场发展的精神和国务院第13次常务会议的有关要求，现就全国股份转让系统有关问题作出如下决定。

一、充分发挥全国股份转让系统服务中小微企业发展的功能

全国股份转让系统是经国务院批准，依据证券法设立的全国性证券交易场所，主要为创新型、创业型、成长型中小微企

业发展服务。境内符合条件的股份公司均可通过主办券商申请在全国股份转让系统挂牌，公开转让股份，进行股权融资、债权融资、资产重组等。申请挂牌的公司应当业务明确、产权清晰、依法规范经营、公司治理健全，可以尚未盈利，但须履行信息披露义务，所披露的信息应当真实、准确、完整。

二、建立不同层次市场间的有机联系

在全国股份转让系统挂牌的公司，达到股票上市条件的，可以直接向证券交易所申请上市交易。在符合《国务院关于清理整顿各类交易场所切实防范金融风险的决定》（国发〔2011〕38号）要求的区域性股权转让市场进行股权非公开转让的公司，符合挂牌条件的，可以申请在全国股份转让系统挂牌公开转让股份。

三、简化行政许可程序

挂牌公司依法纳入非上市公众公司监管，股东人数可以超过200人。股东人数未超过200人的股份公司申请在全国股份转让系统挂牌，证监会豁免核准。挂牌公司向特定对象发行证券，且发行后证券持有人累计不超过200人的，证监会豁免核准。依法需要核准的行政许可事项，证监会应当建立简便、快捷、高效的行政许可方式，简化审核流程，提高审核效率，无需再提交证监会发行审核委员会审核。

四、建立和完善投资者适当性管理制度

建立与投资者风险识别和承受能力相适应的投资者适当性管理制度。中小微企业具有业绩波动大、风险较高的特点，应当严格自然人投资者的准入条件。积极培育和发展机构投资者队伍，鼓励证券公司、保险公司、证券投资基金、私募股权投资基金、风险投资基金、合格境外机构投资者、企业年金等机构投资者参与市场，逐步将全国股份转让系统建成以机构投资者为主体的证券交易场所。

五、加强事中、事后监管，保障投资者合法权益

证监会应当比照证券法关于市场主体法律责任的相关规定，严格执法，对虚假披露、内幕交易、操纵市场等违法违规行为采取监管措施，实施行政处罚。全国股份转让系统要制定并完善业务规则体系，建立市场监控系统，完善风险管理制度和设施，保障技术系统和信息安全，切实履行自律监管职责。

六、加强协调配合，为挂牌公司健康发展创造良好环境

国务院有关部门应当加强统筹协调，为中小微企业利用全国股份转让系统发展创造良好的制度环境。市场建设中涉及税收政策的，原则上比照上市公司投资者的税收政策处理；涉及外资政策的，原则上比照交易所市场及上市公司相关规定办理；涉及国有股权监管事项的，应当同时遵守国有资产管理的相关规定。

各省（区、市）人民政府要加强组织领导和协调，建立健全挂牌公司风险处置机制，切实维护社会稳定。

国务院

2013 年 12 月 13 日

（此件公开发布）

非上市公众公司监督管理办法

（2012年9月28日中国证券监督管理委员会第17次主席办公会议审议通过，根据2013年12月26日中国证券监督管理委员会令第96号《关于修改〈非上市公众公司监督管理办法〉的决定》修订）

第一章 总 则

第一条 为了规范非上市公众公司股票转让和发行行为，保护投资者合法权益，维护社会公共利益，根据《证券法》、《公司法》及相关法律法规的规定，制定本办法。

第二条 本办法所称非上市公众公司（以下简称公众公司）是指有下列情形之一且其股票未在证券交易所上市交易的股份有限公司：

（一）股票向特定对象发行或者转让导致股东累计超过200人；

（二）股票公开转让。

第三条 公众公司应当按照法律、行政法规、本办法和公司章程的规定，做到股权明晰，合法规范经营，公司治理机制健全，履行信息披露义务。

第四条 公众公司公开转让股票应当在全国中小企业股份转让系统进行，公开转让的公众公司股票应当在中国证券登记结算公司集中登记存管。

第五条 公众公司可以依法进行股权融资、债权融资、资产重组等。

公众公司发行优先股等证券品种，应当遵守法律、行政法规和中国证券监督管理委员会（以下简称中国证监会）的相关规定。

第六条 为公司出具专项文件的证券公司、律师事务所、会计师事务所及其他证券服务机构，应当勤勉尽责、诚实守信，认真履行审慎核查义务，按照依法制定的业务规则、行业执业规范和职业道德准则发表专业意见，保证所出具文件的真实性、准确性和完整性，并接受中国证监会的监管。

第二章　公司治理

第七条 公众公司应当依法制定公司章程。

中国证监会依法对公众公司章程必备条款作出具体规定，规范公司章程的制定和修改。

第八条　公众公司应当建立兼顾公司特点和公司治理机制基本要求的股东大会、董事会、监事会制度，明晰职责和议事规则。

第九条　公众公司的治理结构应当确保所有股东，特别是中小股东充分行使法律、行政法规和公司章程规定的合法权利。

股东对法律、行政法规和公司章程规定的公司重大事项，享有知情权和参与权。

公众公司应当建立健全投资者关系管理，保护投资者的合法权益。

第十条　公众公司股东大会、董事会、监事会的召集、提案审议、通知时间、召开程序、授权委托、表决和决议等应当符合法律、行政法规和公司章程的规定；会议记录应当完整并安全保存。

股东大会的提案审议应当符合程序，保障股东的知情权、参与权、质询权和表决权；董事会应当在职权范围和股东大会授权范围内对审议事项作出决议，不得代替股东大会对超出董事会职权范围和授权范围的事项进行决议。

第十一条　公众公司董事会应当对公司的治理机制是否给所有的股东提供合适的保护和平等权利等情况进行充分讨论、评估。

第十二条　公众公司应当强化内部管理，按照相关规定建立会计核算体系、财务管理和风险控制等制度，确保公司财务报告真实可靠及行为合法合规。

第十三条 公众公司进行关联交易应当遵循平等、自愿、等价、有偿的原则，保证交易公平、公允，维护公司的合法权益，根据法律、行政法规、中国证监会的规定和公司章程，履行相应的审议程序。

第十四条 公众公司应当采取有效措施防止股东及其关联方以各种形式占用或者转移公司的资金、资产及其他资源。

第十五条 公众公司实施并购重组行为，应当按照法律、行政法规、中国证监会的规定和公司章程，履行相应的决策程序并聘请证券公司和相关证券服务机构出具专业意见。

任何单位和个人不得利用并购重组损害公众公司及其股东的合法权益。

第十六条 进行公众公司收购，收购人或者其实际控制人应当具有健全的公司治理机制和良好的诚信记录。收购人不得以任何形式从被收购公司获得财务资助，不得利用收购活动损害被收购公司及其股东的合法权益。

在公众公司收购中，收购人持有的被收购公司的股份，在收购完成后 12 个月内不得转让。

第十七条 公众公司实施重大资产重组，重组的相关资产应当权属清晰、定价公允，重组后的公众公司治理机制健全，不得损害公众公司和股东的合法权益。

第十八条 公众公司应当按照法律的规定，同时结合公司的实际情况在章程中约定建立表决权回避制度。

第十九条　公众公司应当在章程中约定纠纷解决机制。股东有权按照法律、行政法规和公司章程的规定，通过仲裁、民事诉讼或者其他法律手段保护其合法权益。

第三章　信息披露

第二十条　公司及其他信息披露义务人应当按照法律、行政法规和中国证监会的规定，真实、准确、完整、及时地披露信息，不得有虚假记载、误导性陈述或者重大遗漏。公司及其他信息披露义务人应当向所有投资者同时公开披露信息。

公司的董事、监事、高级管理人员应当忠实、勤勉地履行职责，保证公司披露信息的真实、准确、完整、及时。

第二十一条　信息披露文件主要包括公开转让说明书、定向转让说明书、定向发行说明书、发行情况报告书、定期报告和临时报告等。具体的内容与格式、编制规则及披露要求，由中国证监会另行制定。

第二十二条　股票公开转让与定向发行的公众公司应当披露半年度报告、年度报告。年度报告中的财务会计报告应当经具有证券期货相关业务资格的会计师事务所审计。

股票向特定对象转让导致股东累计超过 200 人的公众公司，应当披露年度报告。年度报告中的财务会计报告应当经会计师事务所审计。

第二十三条 公众公司董事、高级管理人员应当对定期报告签署书面确认意见；对报告内容有异议的，应当单独陈述理由，并与定期报告同时披露。公众公司不得以董事、高级管理人员对定期报告内容有异议为由不按时披露定期报告。

公众公司监事会应当对董事会编制的定期报告进行审核并提出书面审核意见，说明董事会对定期报告的编制和审核程序是否符合法律、行政法规、中国证监会的规定和公司章程，报告的内容是否能够真实、准确、完整地反映公司实际情况。

第二十四条 证券公司、律师事务所、会计师事务所及其他证券服务机构出具的文件和其他有关的重要文件应当作为备查文件，予以披露。

第二十五条 发生可能对股票价格产生较大影响的重大事件，投资者尚未得知时，公众公司应当立即将有关该重大事件的情况报送临时报告，并予以公告，说明事件的起因、目前的状态和可能产生的后果。

第二十六条 公众公司实施并购重组的，相关信息披露义务人应当依法严格履行公告义务，并及时准确地向公众公司通报有关信息，配合公众公司及时、准确、完整地进行披露。

参与并购重组的相关单位和人员，在并购重组的信息依法披露前负有保密义务，禁止利用该信息进行内幕交易。

第二十七条 公众公司应当制定信息披露事务管理制度并

指定具有相关专业知识的人员负责信息披露事务。

第二十八条　除监事会公告外，公众公司披露的信息应当以董事会公告的形式发布。董事、监事、高级管理人员非经董事会书面授权，不得对外发布未披露的信息。

第二十九条　公司及其他信息披露义务人依法披露的信息，应当在中国证监会指定的信息披露平台公布。公司及其他信息披露义务人可在公司网站或者其他公众媒体上刊登依本办法必须披露的信息，但披露的内容应当完全一致，且不得早于在中国证监会指定的信息披露平台披露的时间。

股票向特定对象转让导致股东累计超过 200 人的公众公司可以在公司章程中约定其他信息披露方式；在中国证监会指定的信息披露平台披露相关信息的，应当符合本条第一款的要求。

第三十条　公司及其他信息披露义务人应当将信息披露公告文稿和相关备查文件置备于公司住所供社会公众查阅。

第三十一条　公司应当配合为其提供服务的证券公司及律师事务所、会计师事务所等证券服务机构的工作，按要求提供所需资料，不得要求证券公司、证券服务机构出具与客观事实不符的文件或者阻碍其工作。

第四章　股票转让

第三十二条　股票向特定对象转让导致股东累计超过 200

人的股份有限公司，应当自上述行为发生之日起3个月内，按照中国证监会有关规定制作申请文件，申请文件应当包括但不限于：定向转让说明书、律师事务所出具的法律意见书、会计师事务所出具的审计报告。股份有限公司持申请文件向中国证监会申请核准。在提交申请文件前，股份有限公司应当将相关情况通知所有股东。

在3个月内股东人数降至200人以内的，可以不提出申请。

股票向特定对象转让应当以非公开方式协议转让。申请股票公开转让的，按照本办法第三十三条、第三十四条的规定办理。

第三十三条 公司申请其股票公开转让的，董事会应当依法就股票公开转让的具体方案作出决议，并提请股东大会批准，股东大会决议必须经出席会议的股东所持表决权的2/3以上通过。

董事会和股东大会决议中还应当包括以下内容：

（一）按照中国证监会的相关规定修改公司章程；

（二）按照法律、行政法规和公司章程的规定建立健全公司治理机制；

（三）履行信息披露义务，按照相关规定披露公开转让说明书、年度报告、半年度报告及其他信息披露内容。

第三十四条 股东人数超过200人的公司申请其股票公开转让，应当按照中国证监会有关规定制作公开转让的申请文件，申请文件应当包括但不限于：公开转让说明书、律师事务所出具的法律意见书、具有证券期货相关业务资格的会计师事务所出具的审计报告、证券公司出具的推荐文件。公司持申请文件向中国证监会申请核准。

公开转让说明书应当在公开转让前披露。

第三十五条　中国证监会受理申请文件后，依法对公司治理和信息披露进行审核，在20个工作日内作出核准、中止审核、终止审核、不予核准的决定。

第三十六条　股东人数未超过200人的公司申请其股票公开转让，中国证监会豁免核准，由全国中小企业股份转让系统进行审查。

第三十七条　公司及其董事、监事、高级管理人员，应当对公开转让说明书、定向转让说明书签署书面确认意见，保证所披露的信息真实、准确、完整。

第三十八条　本办法施行前股东人数超过200人的股份有限公司，符合条件的，可以申请在全国中小企业股份转让系统挂牌公开转让股票、首次公开发行并在证券交易所上市。

第五章　定向发行

第三十九条　本办法所称定向发行包括向特定对象发行股票导致股东累计超过200人，以及股东人数超过200人的公众公司向特定对象发行股票两种情形。

前款所称特定对象的范围包括下列机构或者自然人：

（一）公司股东；

（二）公司的董事、监事、高级管理人员、核心员工；

（三）符合投资者适当性管理规定的自然人投资者、法人投资者及其他经济组织。

公司确定发行对象时，符合本条第二款第（二）项、第（三）项规定的投资者合计不得超过35名。

核心员工的认定，应当由公司董事会提名，并向全体员工公示和征求意见，由监事会发表明确意见后，经股东大会审议批准。

投资者适当性管理规定由中国证监会另行制定。

第四十条 公司应当对发行对象的身份进行确认，有充分理由确信发行对象符合本办法和公司的相关规定。

公司应当与发行对象签订包含风险揭示条款的认购协议。

第四十一条 公司董事会应当依法就本次股票发行的具体方案作出决议，并提请股东大会批准，股东大会决议必须经出席会议的股东所持表决权的2/3以上通过。

申请向特定对象发行股票导致股东累计超过200人的股份有限公司，董事会和股东大会决议中还应当包括以下内容：

（一）按照中国证监会的相关规定修改公司章程；

（二）按照法律、行政法规和公司章程的规定建立健全公司治理机制；

（三）履行信息披露义务，按照相关规定披露定向发行说明书、发行情况报告书、年度报告、半年度报告及其他信息披露内容。

第四十二条　公司应当按照中国证监会有关规定制作定向发行的申请文件，申请文件应当包括但不限于：定向发行说明书、律师事务所出具的法律意见书、具有证券期货相关业务资格的会计师事务所出具的审计报告、证券公司出具的推荐文件。公司持申请文件向中国证监会申请核准。

第四十三条　中国证监会受理申请文件后，依法对公司治理和信息披露以及发行对象情况进行审核，在20个工作日内作出核准、中止审核、终止审核、不予核准的决定。

第四十四条　公司申请定向发行股票，可申请一次核准，分期发行。自中国证监会予以核准之日起，公司应当在3个月内首期发行，剩余数量应当在12个月内发行完毕。超过核准文件限定的有效期未发行的，须重新经中国证监会核准后方可发行。首期发行数量应当不少于总发行数量的50%，剩余各期发行的数量由公司自行确定，每期发行后5个工作日内将发行情况报中国证监会备案。

第四十五条　在全国中小企业股份转让系统挂牌公开转让股票的公众公司向特定对象发行股票后股东累计不超过200人的，中国证监会豁免核准，由全国中小企业股份转让系统自律管理，但发行对象应当符合本办法第三十九条的规定。

第四十六条　股票发行结束后，公众公司应当按照中国证监会的有关要求编制并披露发行情况报告书。申请分期发行的公众公司应在每期发行后按照中国证监会的有关要求进行披露，并在全部发行结束或者超过核准文件有效期后按照中国证监会的有关要求编制并披露发行情况报告书。

豁免向中国证监会申请核准定向发行的公众公司，应当在发行结束后按照中国证监会的有关要求编制并披露发行情况报告书。

第四十七条 公司及其董事、监事、高级管理人员，应当对定向发行说明书、发行情况报告书签署书面确认意见，保证所披露的信息真实、准确、完整。

第四十八条 公众公司定向发行股份购买资产的，按照本章有关规定办理。

第六章 监督管理

第四十九条 中国证监会会同国务院有关部门、地方人民政府，依照法律法规和国务院有关规定，各司其职，分工协作，对公众公司进行持续监管，防范风险，维护证券市场秩序。

第五十条 中国证监会依法履行对公司股票转让、定向发行、信息披露的监管职责，有权对公司、证券公司、证券服务机构采取《证券法》第一百八十条规定的措施。

第五十一条 全国中小企业股份转让系统应当发挥自律管

理作用，对在全国中小企业股份转让系统公开转让股票的公众公司及相关信息披露义务人披露信息进行监督，督促其依法及时、准确地披露信息。发现公开转让股票的公众公司及相关信息披露义务人有违反法律、行政法规和中国证监会相关规定的行为，应当向中国证监会报告，并采取自律管理措施。

第五十二条 中国证券业协会应当发挥自律管理作用，对从事公司股票转让和定向发行业务的证券公司进行监督，督促其勤勉尽责地履行尽职调查和督导职责。发现证券公司有违反法律、行政法规和中国证监会相关规定的行为，应当向中国证监会报告，并采取自律管理措施。

第五十三条 中国证监会可以要求公司及其他信息披露义务人或者其董事、监事、高级管理人员对有关信息披露问题作出解释、说明或者提供相关资料，并要求公司提供证券公司或者证券服务机构的专业意见。

中国证监会对证券公司和证券服务机构出具文件的真实性、准确性、完整性有疑义的，可以要求相关机构作出解释、补充，并调阅其工作底稿。

第五十四条 证券公司在从事股票转让、定向发行等业务活动中，应当按照中国证监会的有关规定勤勉尽责地进行尽职调查，规范履行内核程序，认真编制相关文件，并持续督导所推荐公司及时履行信息披露义务、完善公司治理。

第五十五条 证券服务机构为公司的股票转让、定向发行等活动出具审计报告、资产评估报告或者法律意见书等文件的，应当严格履行法定职责，遵循勤勉尽责和诚实信用原则，对公司的主体资格、股本情况、规范运作、财务状况、公司治理、信息披露等内容的真实性、准确性、完整性进行充分的核查和验证，并保证其出具的文件不存在虚假记载、误导性陈述或者重大遗漏。

第五十六条 中国证监会依法对公司进行监督检查或者调查，公司有义务提供相关文件资料。对于发现问题的公司，中国证监会可以采取责令改正、监管谈话、责令公开说明、出具警示函等监管措施，并记入诚信档案；涉嫌违法、犯罪的，应当立案调查或者移送司法机关。

第七章 法律责任

第五十七条 公司以欺骗手段骗取核准的，公司报送的报告有虚假记载、误导性陈述或者重大遗漏的，除依照《证券法》有关规定进行处罚外，中国证监会可以采取终止审核并自确认之日起在36个月内不受理公司的股票转让和定向发行申请的监管措施。

第五十八条 公司未按照本办法第三十二条、第三十四条、第四十二条规定，擅自转让或者发行股票的，按照《证券法》第一百八十八条的规定进行处罚。

第五十九条　证券公司、证券服务机构出具的文件有虚假记载、误导性陈述或者重大遗漏的，除依照《证券法》及相关法律法规的规定处罚外，中国证监会可视情节轻重，自确认之日起采取3个月至12个月内不接受该机构出具的相关专项文件，36个月内不接受相关签字人员出具的专项文件的监管措施。

第六十条　公司及其他信息披露义务人未按照规定披露信息，或者所披露的信息有虚假记载、误导性陈述或者重大遗漏的，依照《证券法》第一百九十三条的规定进行处罚。

第六十一条　公司向不符合本办法规定条件的投资者发行股票的，中国证监会可以责令改正，并可以自确认之日起在36个月内不受理其申请。

第六十二条　信息披露义务人及其董事、监事、高级管理人员，公司控股股东、实际控制人，为信息披露义务人出具专项文件的证券公司、证券服务机构及其工作人员，违反《证券法》、行政法规和中国证监会相关规定的，中国证监会可以采取责令改正、监管谈话、出具警示函、认定为不适当人选等监管措施，并记入诚信档案；情节严重的，中国证监会可以对有关责任人员采取证券市场禁入的措施。

第六十三条　公众公司内幕信息知情人或非法获取内幕信息的人，在对公众公司股票价格有重大影响的信息公开前，泄露该信息、买卖或者建议他人买卖该股票的，依照《证券法》第二百零二条的规定进行处罚。

第八章　附　则

第六十四条　公众公司向不特定对象公开发行股票的，应当遵守《证券法》和中国证监会的相关规定。

公众公司申请在证券交易所上市的，应当遵守中国证监会和证券交易所的相关规定。

第六十五条　本办法施行前股东人数超过200人的股份有限公司，不在全国中小企业股份转让系统挂牌公开转让股票或证券交易所上市的，应当按相关要求规范后申请纳入非上市公众公司监管。

第六十六条　本办法所称股份有限公司是指首次申请股票转让或定向发行的股份有限公司；所称公司包括非上市公众公司和首次申请股票转让或定向发行的股份有限公司。

第六十七条　本办法自2013年1月1日起施行。

关于证券经营机构参与全国股转系统相关业务有关问题的通知

中国证监会各监管局，全国股转公司，会内各部门：

为贯彻落实《国务院关于全国中小企业股份转让系统有关问题的决定》(国发〔2013〕49号)精神，支持证券经营机构依托全国中小企业股份转让系统(以下简称全国股转系统)，更好地服务中小微企业，并实现自身创新发展，现将有关事项通知如下：

一、指导证券公司做好推荐挂牌与持续督导服务工作，全面提升服务中小微企业能力与水平

一是提升服务能力。证券公司应高度重视挂牌公司推荐业务，注重从投资人视角完善企业选择标准，提高人员素质和执业水平，着力打造满足中小微企业在全国股转系统挂牌、融资、并购等需求的全产业链服务体系；高度重视挂牌公司持续督导和服务工作，切实帮助企业提升规范运作水平。

二是拓宽服务广度。已取得全国股转系统推荐业务备案的证券公司可由其分公司直接开展推荐业务。分公司直接开展推荐业务的，应具备相应的专业人员和管理制度，公司总部应对内核、申报等环节进行集中管理，并在业务承揽、尽职调查、申报文件制作、持续督导等环节统一执业标准，保证执业质量。

三是创新收费方式。允许主办券商探索股权支付、期权支付等新型收费模式，建立与挂牌公司互利共赢的长效激励约束机制。

四是扩大推荐队伍。支持基金管理公司子公司、期货公司子公司、证券投资咨询机构等其他机构经我会备案后，在全国股转系统开展推荐业务。

二、指导证券公司积极开展做市业务，充分发挥市场组织者与流动性提供者功能，提升销售交易专业能力

一是确保资金投入。证券公司应多渠道筹集资金，保障做市资金投入，满足挂牌公司的做市需求。挂牌公司有意愿采取做市转让方式的，推荐主办券商可优先为其提供做市服务。

二是提升做市水平。证券公司应当配备足够数量的专业人员，确保做市业务有序开展；强化对做市业务的研究支持，构建做市股票估值定价体系；加大技术研发投入，提高技术系统稳定性，为做市业务提供可靠保障。

三是控制做市风险。证券公司应当建立完备的做市业务风险限额体系，强化对做市业务的风险监控和应急处理机制。经我会同意，证券公司可以试点开展全国股转系统挂牌股票借贷业务，对冲做市业务持仓风险。

四是扩大做市队伍。支持基金管理公司子公司、期货公司子公司、证券投资咨询机构、私募基金管理机构等机构经我会备案后，在全国股转系统开展做市业务。开展做市业务的机构实缴注册资本应不低于1亿元，财务状况稳健，且具有与开展做市业务相适应的人员、制度和信息系统。

三、指导证券公司、基金管理公司依法投资全国股转系统挂牌股票，壮大全国股转系统机构投资者队伍

一是证券公司自营业务投资于全国股转系统挂牌股票的，应建立有效的投资决策管理体系，并与推荐、经纪、做市等业务进行必要隔离，防范利益冲突。

二是证券公司客户资产管理业务投资于全国股转系统挂牌股票的，应在资产管理合同中约定相关股票投资比例和策略，并充分揭示风险。现有证券公司资产管理计划投资全国股转系统挂牌股票的，应当按照合同约定的方式取得客户和资产托管机构同意，并依法变更合同相关条款，履行相关备案程序。

三是经我会同意，证券公司可以试点开展全国股转系统挂牌股票的质押式回购等创新业务，为中小微企业提供融资支持。

四是支持基金管理公司在有效保护投资者利益、防范相关风险的前提下，试点推出投资于全国股转系统挂牌股票的公募基金产品。支持合格境外机构投资者（QFII）、人民币合格境外机构投资者（RQFII）投资于全国股转系统挂牌股票。

四、支持证券期货经营机构利用全国股转系统补充资本，提升抗风险能力

一是支持证券公司、基金管理公司、期货公司、证券投资咨询机构等证券期货经营机构在全国股转系统挂牌。申请挂牌的证券期货经营机构无须向我会申请出具监管意见书，只需在挂牌后 5 个工作日内报我会和住所地证监局备案。

二是支持证券期货经营机构通过全国股转系统募集资金。证券期货经营机构可以通过全国股转系统发行普通股、优先股、私募债、可转债等产品，增强资本实力和抗风险能力，提升服务中小微企业的水平。

三是支持证券期货经营机构通过全国股转系统进行股权转让。挂牌证券公司通过全国股转系统变更持股 5% 以下股权的股东，参照适用上市证券公司变更持股 5% 以下股权股东的有关要求。证券期货经营机构可以通过全国股转系统探索股权激励，建立、健全员工激励与约束机制。

五、督促证券公司强化合规及风控管理，提高执业水平，确保业务开展规范有序

一是强化合规及风控管理。证券公司应建立与全国股转系统业务模式相适应的管理架构，强化推荐、经纪、做市、自营等业务的风险控制机制，将合规、风控管理措施嵌入各项业务制度和流程，在有效控制风险的前提下开展各项业务。

二是加强投资者保护和风险揭示。证券公司应严格遵守并执行全国股转系统投资者适当性管理制度，采取专人讲解、填写问卷、发送知识手册等多种形式，帮助投资者理解全国股转系统业务规则，向投资者充分揭示风险，引导潜在合格投资者有序参与全国股转系统。

三是落实风险控制指标监管要求。证券公司自营业务投资全国股转系统挂牌股票的，按20%比例扣减净资本，并纳入权益类证券投资计算相关风险控制指标。证券公司开展全国股转系统做市业务的，持有做市股票市值与其总市值比例不超过5%时，按15%比例扣减净资本；持有做市股票市值与其总市值比例超过5%时，按40%比例扣减净资本；同时按权益类证券投资的标准计算风险资本准备。

四是将执业情况纳入证券公司分类评价。证券公司参与全国股转系统业务过程中，因违法违规行为受到行政处罚、行政监管措施以及自律监管措施的，在分类评价时将予以相应扣分。

六、加强系统内各单位的分工协作，形成集中统一、优势互补、功能配套、信息共享、协调高效的监管体系

一是全国股转公司应进一步完善市场自律管理体系，定期披露证券期货经营机构参与全国股转系统业务情况，优化市场监督制约机制。

二是各证监局应密切关注辖区证券期货经营机构参与全国股转系统业务开展情况，切实履行一线监管职责。对发现的风险隐患和违法违规问题，各证监局要区分情况，及时采取必要措施。

三是机构部要加强对证券期货经营机构参与全国股转系统相关业务的统一监管，统筹负责监管政策制定及现场检查等工作。

四是各证监局、全国股转公司及机构部应建立日常沟通协调和信息共享机制，充分发挥各自优势，共同做好事中事后监管。遇有新情况、新问题和重大事项，及时向我会报告。

中国证监会

2014 年 12 月 25 日

挂牌公司股票发行常见问题解答

——股份支付

一、是否所有的挂牌公司在符合《企业会计准则第11号——股份支付》规定的情形时，均应适用于股份支付的会计准则？

答：根据《全国中小企业股份转让系统业务规则（试行）》第4.2.1条的规定，挂牌公司应当按照《企业会计准则》的要求编制财务报告，全国股份转让系统公司另有规定的除外。因此，在全国股转系统挂牌的公司在股票发行业务中符合《企业会计准则第11号——股份支付》规定情形的，均应适用股份支付的会计准则并相应进行账务处理。

二、在股票发行中，一般什么情形需要就是否适用股份支付进行说明？

答：在股票发行中，如果符合以下情形的，挂牌公司的主办券商一般应按照《企业会计准则第 11 号——股份支付》的规定，就本次股票发行是否适用股份支付进行说明：

1. 向公司高管、核心员工、员工持股平台或者其他投资者发行股票的价格明显低于市场价格或者低于公司股票公允价值的；

2. 股票发行价格低于每股净资产的；

3. 发行股票进行股权激励的；

4. 全国股转系统认为需要进行股份支付说明的其他情形。

三、在股票发行中对是否适用股份支付发表意见时，都需要说明哪些问题？

答：挂牌公司的主办券商就是否适用股份支付发表意见时，应当从以下四个方面进行说明：

1. 发行对象

说明本次股票发行的对象，例如公司高管、核心员工、员工持股平台、做市商或者其他外部投资者等。

2. 发行目的

说明本次股票发行的目的，并说明是否以获取职工或其他方服务为目的，或者以激励为目的。

3. 股票的公允价值

说明挂牌公司股票的公允价值，并说明公允价值的判断方法。公允价值的论述应当充分、合理，可参考如下情形：A. 有活跃交易市场的，应当以市场价格为基础，并考虑波动性；B. 无活跃交易市场的，可以参考如下价格：

（1）采用估值技术。估值方法应当符合《企业会计准则第22号——金融工具确认和计量》的有关规定确定权益工具的公允价值，并根据股份支付协议的条款的条件进行调整。可以使用的估值方法包括现金流折现法、相对价值法以及其他合理的估值方法，也可聘请估值机构出具估值报告。企业应当根据具体条件恰当选择合理的评估方法，科学合理使用评估假设，并披露评估假设及其对评估结论的影响，形成合理评估结论。

（2）参考同期引入外部机构投资者过程中相对公允的股票发行价格，发行价格不公允的除外，例如，由于换取外部投资者为企业带来的资源或其他利益而确定了不合理的发行价格应当被排除掉。

挂牌公司需注意的是，无论采用何种方法确定公允价格，对公允价格的论述应当合理、充分并可量化，而非只有定性的说明。

4. 结论

主办券商应当结合本次股票发行的对象、发行的目的、股票的公允价值和发行的价格，判断是否需要适用股份支付并说明具体的账务处理方法。

股票发行方案披露后的审查要点

编号	审查内容	审查中的关注要点
	一、董事会决议	
1.1	董事会通过决议后，就董事会决策程序和决议内容审查	1. 已确定的发行对象应当与公司签署附生效条件的股票认购合同（部分发行对象确定的，已确定的发行对象也应当签署认购合同），并经董事会审议； 2. 董事会应当履行公司章程规定的表决权回避程序；董事会决策程序和决议内容应当符合《公司法》、《非上市公众公司监督管理办法》、《股票发行细则》等有关规定； 3. 对于交易活跃的挂牌公司，在董事会通过股票发行方案后，发布召开审议股票发行方案的股东大会通知时，应当及时查询截止到股东大会股权登记日的股东人数，以判断本次股票发行是否属于发行后股东人数超过200人的情形。

续表

编号	审查内容	审查中的关注要点
	二、股票发行方案	
	“公司基本信息”部分是否包含了以下信息	
2.1	公司名称、证券简称、证券代码；公司的注册地址、联系方式；公司的法定代表人、董事会秘书或信息披露负责人	审查有无这些基本信息
	“发行计划”部分是否包含了以下信息	
2.2	发行目的	审查有无这些基本信息
2.3	发行对象或发行对象的范围，以及现有股东的优先认购安排	1. 股票发行确定对象的，应介绍新增发行对象基本情况，并说明是否存在关联关系； 2. 以现金认购发行股票的，现有股东在同等条件下对发行的股票享有优先认购权，除非公司章程另有规定；（现有股东是指召开股东大会股权登记日的在册股东） 3. 排除适用优先认购的表述应当合规、清楚； 4. 发行对象为券商的，应当明确是否为做市库存股。
2.4	发行价格或价格区间，以及定价方法	1. 结合发行价格初步判定可能适用股份支付的，应当提醒主办券商做好股份支付的说明； 2. 发行价格不确定的，应当明确价格区间，包括价格的上限和下限。

续表

编号	审查内容	审查中的关注要点
2.5	发行股份数量或数量上限，预计募集资金总额	1. 发行价格与发行股份数量的乘积应该为预计募集资金总额； 2. 发行价格区间与发行股份数量上限的乘积应该与预计募集资金总额对应。
2.6	在董事会决议日至股份认购股权登记日期间预计将发生除权、除息的，是否已说明发行数量和发行价格是否相应调整；以及公司挂牌以来的分红派息、转增股本及其对公司价格的影响	公司股票发行期间涉及利润分配的，关注该部分的表述与利润分配方案的表述是否一致。
2.7	本次发行股票的限售安排或发行对象自愿锁定的承诺	1. 董监高认购股份的应当按照《公司法》的规定进行限售； 2. 如果有自愿限售安排的，应当说明自愿锁定的承诺，并应当提醒主办券商提交备案材料时一并提交自愿限售申请文件； 3. 无限售安排的也需要进行说明。
2.8	募集资金用途	审查有无这些基本信息
2.9	本次发行前滚存未分配利润的处置方案	审查有无这些基本信息
2.10	本次发行拟提交股东大会批准和授权的相关事项	审查有无这些基本信息
2.11	本次发行涉及主管部门审批、核准或备案事项情况	审查有无这些基本信息

续表

编号	审查内容	审查中的关注要点
	“董事会关于本次发行对公司影响的讨论与分析”部分是否包含了以下信息	
2.12	公司与控股股东及其关联人之间的业务关系、管理关系、关联交易及同业竞争等变化情况	审查有无这些基本信息
2.13	本次发行对其他股东权益或其他类别股东权益的影响	审查有无这些基本信息
2.14	与本次发行相关特有风险的说明	审查有无这些基本信息
	发行方案中认购合同摘要（董事会确定发行对象的情形适用）是否包含以下信息	如果是确定了发行对象的股票发行，1. 挂牌公司应当在召开董事会之前与确定的认购对象签订附生效条件的股票认购合同，并提交董事会审议；2. 应当在股票发行方案中披露认购合同摘要内容
2.15	合同主体、签订时间	审查有无这些基本信息
2.16	认购方式、支付方式	审查有无这些基本信息
2.17	合同的生效条件和生效时间	审查有无这些基本信息
2.18	合同附带的任何保留条款、前置条件	合同附带的任何保留条款、前置条件都应当披露。
2.19	自愿限售安排	自愿限售的安排是否与股票发行方案中的一致。
2.20	估值调整条款	1. 挂牌公司不能参与对赌； 2. 如果涉及对赌，对赌条款应当披露清楚； 3. 对赌条款不能违反相关法律法规的规定。

续表

编号	审查内容	审查中的关注要点
2.21	违约责任条款	审查有无这些基本信息
	“其他重大事项”部分是否包含了以下信息	
2.22	是否存在公司的权益被股东及其关联方严重损害且尚未消除的情形	审查有无这些基本信息
2.23	是否存在公司及其附属公司违规对外提供担保且尚未解除的情形	审查有无这些基本信息
2.24	是否存在现任董事、监事、高级管理人员最近二十四个月内受到过中国证监会行政处罚，或者最近十二个月内受到过全国股份转让系统公司公开谴责的情形	审查有无这些基本信息
2.25	是否存在其他严重损害股东合法权益或者社会公共利益的情形	审查有无这些基本信息

股票发行方案披露后的审查要点（涉及资产认购的特殊情形）

编号	审查内容	审查中的关注要点
	一、董事会决议和盈利预测报告	
1.1	董事会决议是否明确交易对手（是否为关联方）、标的资产、作价原则及审计、评估等事项	审查有无这些基本信息
1.2	以非现金资产认购股票涉及资产审计、评估或者盈利预测的，经具有证券、期货相关业务资格的中介机构出具的资产审计结果、评估结果和盈利预测报告是否最晚和召开股东大会的通知同时公告	审查有无这些基本信息
	二、股票发行方案	
	以非股权资产认购发行股票的，是否披露了相关资产的下列基本情况	
2.1	相关资产的名称、类别以及所有者和经营管理者的基本情况	审查有无这些基本信息
2.2	资产权属是否清晰，是否存在权利受限、权属争议或者妨碍权属转移的其他情况	审查有无这些基本信息
2.3	相关资产涉及许可他人使用，或者作为被许可方使用他人资产的，是否简要披露许可合同的主要内容	审查有无这些基本信息

续表

编号	审查内容	审查中的关注要点
2.4	资产交易涉及债权债务转移的，是否披露了相关债权债务的基本情况、债权人同意转移的证明及与此相关的解决方案	审查有无这些基本信息
2.5	所从事业务需要取得许可资格或资质的，是否披露当前许可资格或资质的状况	审查有无这些基本信息
2.6	涉及需呈报有关主管部门批准的，是否说明已获得有效批准	审查有无这些基本信息
2.7	相关资产独立运营和核算的，是否披露了最近一年及一期（如有）经具有证券、期货相关业务资格的会计师事务所审计的财务报表及审计意见	审查有无这些基本信息
2.8	财务报表被出具非标准审计意见的，是否披露了涉及事项及其影响	审查有无这些基本信息
2.9	资产的交易价格、定价依据，资产评估方法及资产评估价值	审查有无这些基本信息
	以股权资产认购发行股票的，是否披露相关股权的下列基本情况	
2.10	股权所在公司的名称、企业性质、注册地、主要办公地点、法定代表人、注册资本、实收资本	审查有无这些基本信息
2.11	股权及控制关系，包括公司的主要股东及其持股比例、最近两年控股股东或实际控制人的变化情况	审查有无这些基本信息
2.12	股东出资协议及公司章程中可能对本次交易产生影响的主要内容	审查有无这些基本信息
2.13	原高管人员的安排	审查有无这些基本信息
2.14	股权权属是否清晰、是否存在权利受限、权属争议或者妨碍权属转移的其他情况	审查有无这些基本信息
2.15	股权资产为有限责任公司股权的，股权转让是否已取得其他股东同意，或有证据表明其他股东已放弃优先购买权	审查有无这些基本信息

续表

编号	审查内容	审查中的关注要点
2.16	股权对应公司所从事业务需要取得许可资格或资质的，还应当披露当前许可资格或资质的状况	审查有无这些基本信息
2.17	涉及需呈报有关主管部门批准的，应说明是否已获得有效批准	审查有无这些基本信息
2.18	股权对应公司主要资产的权属状况及对外担保和主要负债情况	审查有无这些基本信息
2.19	披露最近一年及一期（如有）经具有证券、期货相关业务资格的会计师事务所审计的财务报表及审计意见，被出具非标准审计意见的应当披露涉及事项及其影响	审查有无这些基本信息
2.20	股权的交易价格、定价依据，资产评估方法及资产评估价值（如有）	审查有无这些基本信息
2.21	资产交易价格以经审计的账面值为依据的，公司董事会应当对定价合理性予以说明	说明理由时应该采用科学的定量分析的方法，对溢价或折价的合理性进行充分说明。
2.22	资产交易根据资产评估结果定价的，在评估机构出具资产评佔报告后，公司董事会应当对评估机构的独立性、评估假设前提和评估结论的合理性、评估方法的适用性、主要参数的合理性、未来收益预测的谨慎性等问题发表意见，并说明定价的合理性，资产定价是否存在损害公司和股东合法权益的情形。	审查有无这些基本信息
	资产转让合同的内容摘要是否至少还包括以下内容	
2.23	合同主体、签订时间	审查有无这些基本信息
2.24	认购方式、支付方式	审查有无这些基本信息

续表

编号	审查内容	审查中的关注要点
2.25	合同的生效条件和生效时间	审查有无这些基本信息
2.26	合同附带的任何保留条款、前置条件	审查有无这些基本信息
2.27	自愿限售安排	审查有无这些基本信息
2.28	估值调整条款	审查有无这些基本信息
2.29	违约责任条款	审查有无这些基本信息
2.30	目标资产及其价格或定价依据	审查有无这些基本信息
2.31	资产交付或过户时间安排	审查有无这些基本信息
2.32	资产自评估截止日至资产交付日或过户日所产生收益的归属	审查有无这些基本信息
2.33	与资产相关的负债及人员安排	审查有无这些基本信息

收到股票发行备案文件后的审查要点

编号	审查内容	审查中的关注要点
	一、备案文件检查	
	文件格式检查	
1.1	备案文件所需要签名处，是否为签名人亲笔签名	备案文件中所有签名处不能以签章代替签名人亲笔签名。
1.2	股票发行方案、发行情况报告书尾页是否经公司全体董事、监事、高级管理人员签名，并加盖公司公章	审查有无这些基本信息
1.3	主办券商合法合规性意见是否经法定代表人（或法定代表人授权的代表）、项目负责人签字，并加盖主办券商公章，注明报告日期；主办券商法定代表人授权他人代为签字的，是否同时提供了授权委托书原件	审查有无这些基本信息
1.4	法律意见书是否经 2 名以上经办律师和其所在律师事务所的负责人签名，并经律师事务所加盖公章，并签署日期	审查有无这些基本信息
1.5	报送备案光盘中的电子文件是否包括 pdf 版本和可编辑的 word 版本	重点关注是否包括可编辑 word 版本以及两种版本材料的一致性

续表

编号	审查内容	审查中的关注要点
	文件一致性检查	
1.6	董事会决议、股东大会决议、股票发行方案和认购合同摘要的内容是否与已披露的文件内容相一致	重点审查认购对象、认购数量、认购价格等重要条款与股票发行方案规定的是否一致
	二、认购合同或者认购缴款凭证	备案材料中应当有认购合同或者认购缴款凭证
2.1	实际出资的认购人是否全部签署了认购合同	确定发行对象的股票发行，合同签订时间应当在董事会之前；不确定发行对象的股票发行，合同签订时间应当在股东大会之后（包括同日）。
2.2	发行方案或认购办法规定了认购合同签署时限的，是否在该时限内签署	审查签署时间是否正确
2.3	是否存在发行对象在股东大会召开前已经完成缴款的情形	在股东大会审议通过股票发行方案前，认购对象不能缴款验资。
2.4	是否存在缴款日期晚于认购期限的情形	认购对象如果不能在认购期内缴款的，挂牌公司可以发布延期认购公告。
	三、验资报告	
3.1	是否经有证券期货从业资格的会计师事务所验资	1. 验资报告不能由会计师事务所分所出具； 2. 验资报告不能仅就新增加的注册资本做说明，还应当就计入资本公积的新增资本说明； 3. 出具验资报告的会计师事务所应当具备证券、期货从业资格。

续表

编号	审查内容	审查中的关注要点
3.2	验资报告显示的金额与发行方案、发行情况报告书是否一致	审查金额前后是否一致
3.3	验资报告及相关材料显示的缴款时间，与认购方案中规定的缴款时间是否一致	审查缴款时间是否一致
	四、发行情况报告书	
	投资者适当性的披露情况	
4.1	是否披露了发行对象的人数，以及是否符合投资者适当性的情况	审查有无这些基本信息
4.2	涉及向核心员工发行股票的，是否披露了核心员工名单和认定程序，是否符合《非上市公众公司管理办法》第 39 条的规定，参与认购的核心员工名单是否在董事会决议认定的名单之内	审查有无这些基本信息
4.3	涉及向券商发股票的，应明确披露是否为做市库存股，如果是做市库存股的，还应当披露券商认购库存股的数量	审查有无这些基本信息
	发行前后相关情况对比	
4.4	发行前后前 10 名股东持股数量、持股比例及股票限售等比较情况是否完整披露	审查有无这些基本信息
4.5	发行前后股本结构、股东人数、资产结构、业务结构、公司控制权、董事、监事和高级管理人员持股的变动情况是否完整披露	审查有无这些基本信息

续表

编号	审查内容	审查中的关注要点
4.6	最近两年主要财务指标、股票发行完成后按总股本计算的每股收益等指标的变化情况计算是否完整披露	审查有无这些基本信息
	股份限售	
4.7	如股票发行方案或认购合同中规定了本次股票发行新增股份限售的安排，报告书是否载明该事项	自愿限售的，应当根据股转的规定提交自愿限售材料。
4.8	向公司董事、监事和高级管理人员股票发行股份的，是否载明依据《公司法》的规定进行限售	重点审查限售计算是否准确。
	优先认购安排	
4.9	报告书是否载明现有股东优先认购安排，与股票发行方案是否相一致	审查优先认购安排的合法合规性
	主办券商意见	
4.10	本部分内容是否摘抄、引用自《主办券商对本次股票发行合法合规的意见》	涉及股份支付、对赌或者私募投资基金参与认购的，关注主办券商是否根据要求发表了意见；
4.11	本部分内容的摘抄、引用，与《主办券商对本次股票发行合法合规的意见》文义是否一致	审查有无这些基本信息
	律师意见	
4.12	本部分内容是否摘抄、引用自《法律意见书》	涉及对赌或者私募投资基金参与认购的，关注律师是否根据要求发表了意见；
4.13	本部分内容的摘抄、引用，与《法律意见书》文义是否一致	审查有无这些基本信息

续表

编号	审查内容	审查中的关注要点
	声明	
4.14	公司全体董事、监事、高级管理人员承诺本股票发行情况报告书不存在虚假记载、误导性陈述或重大遗漏，并对其真实性、准确性、完整性承担个别和连带的法律责任。挂牌公司全体董事是否在股票发行情况报告书的尾页签名，并加盖公司公章	审查有无这些基本信息
	签字盖章	
4.15	公司全体董事、监事、高级管理人员应在股票发行情况报告书的尾页签名，并加盖公司公章	审查有无这些基本信息
	五、中介机构意见	
	主办券商对本次股票发行合法合规的意见	涉及股份支付、对赌或者私募投资基金的，关注主办券商是否根据要求发表了意见；
5.1	是否对挂牌公司符合豁免申请核准股票发行的条件进行说明	审查有无这些基本信息
5.2	是否对公司治理规范性进行说明	审查有无这些基本信息
5.3	是否对发行定价方式或方法、定价过程的公平性、公正性进行说明，并对定价结果是否合法有效进行评价	审查有无这些基本信息
5.4	是否对现有股东优先认购安排和现有股东的合法权益保障的情况进行说明和评价	审查有无这些基本信息
5.5	是否对发行过程及结果合法合规发表意见	审查有无这些基本信息

续表

编号	审查内容	审查中的关注要点
5.6	是否对发行对象符合中国证监会及全国股份转让系统公司关于投资者适当性和发行对象人数限制的有关规定进行说明	审查有无这些基本信息
5.7	是否对挂牌公司挂牌以来履行信息披露义务的情况进行说明	审查有无这些基本信息
5.8	是否对挂牌公司在本次股票发行中，履行信息披露义务的情况进行说明	审查有无这些基本信息
5.9	对本次股票发行认购对象或者挂牌公司现有股东中是否存在私募投资基金管理人或私募投资基金，其是否按照《私募投资基金管理人登记和基金备案办法（试行）》等相关规定履行了登记备案程序进行了专门说明	审查有无这些基本信息
5.10	是否适用《企业会计准则第 11 号——股份支付》进行会计处理发表意见（如有）	如果股票发行涉及股份支付的，主办券商应当发表意见。
	法律意见书	涉及对赌或者私募投资基金的，关注律所是否根据要求发表了意见；
5.11	是否对挂牌公司符合豁免申请核准股票发行的条件进行说明，与其他文件的记载是否一致	审查有无这些基本信息
5.12	是否对发行对象符合中国证监会及全国股份转让系统公司关于投资者适当性制度的有关规定进行说明	审查有无这些基本信息
5.13	是否对发行过程及结果的合法合规性进行说明，是否与主办券商意见相一致	审查有无这些基本信息

续表

编号	审查内容	审查中的关注要点
5.14	是否对发行相关合同等法律文件的合法合规性进行说明	重点审查律师对合同文件中估值调整条款合法合规性的说明意见。
5.15	是否对现有股东优先认购安排或公司章程排除优先认购的情况进行说明	审查有无这些基本信息
5.16	对本次股票发行认购对象或者挂牌公司现有股东中是否存在私募投资基金管理人或私募投资基金，其是否按照《私募投资基金管理人登记和基金备案办法（试行）》等相关规定履行了登记备案程序进行了专门说明	审查有无这些基本信息
	六、其他审查要点	
6.1	股东大会通过决议后，就股东大会决策程序和决议内容审查	1. 召开股东大会的通知日期是否符合《公司法》的时间要求； 2. 股东大会审议的股票发行方案是否与董事会审议的一致； 3. 股东大会应当履行公司章程规定的表决权回避程序； 4. 核心员工参与认购的，应当履行规则要求的核心员工认定程序； 5. 董事会对发行方案有重大调整的，是否经股东大会重新审议，并披露决议公告； 6. 股东大会决策程序和决议内容应当符合《公司法》、《非上市公众公司监督管理办法》、《股票发行细则》等有关规定。

续表

编号	审查内容	审查中的关注要点
6.2	是否在验资完成后十个转让日内，按照规定向全国股份转让系统公司报送材料，履行备案程序	审查是否在规定的时间内提出备案
6.3	涉及询价发行的，是否存在发行过程不合法合规的情况	1. 询价应当在股东大会通过发行方案后进行； 2. 主办券商应根据询价对象的申购报价情况，按照价格优先的原则，并考虑认购数量或其他因素，与挂牌公司协商确定发行对象、发行价格和发行股数； 3. 建议采取书面形式询价，并做好资料留存； 4. 询价结束后建议发布询价结果公告，披露询价的过程、方法和结果； 5. 缴款验资应当在询价结束后进行。
6.4	是否存在股东大会通过股票发行方案前缴款验资或者在认购公告规定的认购期前缴款验资的情形	审查是否存在这些情况
6.5	是否存在取得新增股份备案登记函前使用了募集资金的情形	审查是否存在这些情况

收到股票发行备案文件后的审查要点（涉及资产认购的特殊情形）

编号	审查内容	审查中的关注要点
	一、主办券商关于股票发行合法合规性意见	
1.1	主办券商是否对交易对手是否为关联方、标的资产权属是否清晰、审计或资产评估是否规范等事项发表明确意见	审查有无这些基本信息
1.2	涉及需呈报有关主管部门批准的，主办券商需对是否已获得有效批准发表明确意见	审查有无这些基本信息
1.3	资产相关业务需要取得许可资格或资质的，主办券商需对是否具备相关许可资格或资质发表明确意见	审查有无这些基本信息
	二、法律意见书	
2.1	说明资产评估程序是否合法合规，是否存在资产权属不清或者其他妨碍权属转移的法律风险	审查有无这些基本信息
2.2	标的资产尚未取得完备权属证书的，应说明取得权属证书是否存在法律障碍	审查有无这些基本信息

续表

编号	审查内容	审查中的关注要点
2.3	涉及需呈报有关主管部门批准的，应说明是否已获得有效批准	审查有无这些基本信息
2.4	资产相关业务需要取得许可资格或资质的，应说明是否具备相关许可资格或资质	审查有无这些基本信息
	三、其他	
3.1	股东大会通过决议后，就股东大会决策程序和决议内容审查	1. 召开股东大会的通知日期是否符合《公司法》的时间要求； 2. 股东大会审议的股票发行方案是否与董事会审议的一致； 3. 股东大会应当履行公司章程规定的表决权回避程序； 4. 核心员工参与认购的，应当履行规则要求的核心员工认定程序； 5. 董事会对发行方案有重大调整的，是否经股东大会重新审议，并披露决议公告； 6. 股东大会决策程序和决议内容应当符合《公司法》、《非上市公众公司监督管理办法》、《股票发行细则》等有关规定。
3.2	是否在验资完成后十个转让日内，按照规定向全国股份转让系统公司报送材料，履行备案程序	审查是否存在这些情况
3.3	是否存在取得新增股份备案登记函前使用了募集资金的情形	审查是否存在这些情况